Colección
EMPRENDIMIENTO
Y CRECIMIENTO PERSONAL

Pan House
Casa Editorial

Editorial PanHouse
www.editorialpanhouse.com

Edición general:
Jonathan Somoza
Gerencia general:
Paola Morales
Gerencia editorial:
Miranda Cedillo
Coordinación editorial:
Bárbara Daniela Peña | Mariángely Romero
Edición de estilo:
María Gutiérrez
Corrección editorial:
Luz Llaguno
Corrección ortotipográfica:
Carolina Acevedo
Diseño, portada y diagramación:
Audra Ramones

ISBN: 978-980-437-353-4
Depósito legal: DC2024000871

Melisa Barrantes

DESPIERTA

ACTIVA
TU POTENCIAL
Y CRECE EN
LA ERA
DIGITAL

Pan House

ÍNDICE

DEDICATORIA

A mi hija, lo más grande que tengo en la vida, quien siempre me ha acompañado con su arte y creatividad en cada paso del camino. Eres mi mayor inspiración y mi principal motivo de orgullo. Naciste para hacer cosas grandes y cada día me maravillas con tu potencial. Gracias por ser mi luz y por recordarme la importancia de soñar y de crear.

A la comunidad latina, cuya resiliencia es una fuente constante de admiración. Este libro es para todos ustedes, para que juntos podamos aprovechar al máximo esta era digital.

El Internet no tiene límites, y tampoco los tiene el ser humano. Somos naturaleza en constante evolución. Si abrimos nuestras mentes y nos enfocamos, podemos transformar no solo nuestras vidas, sino también las de quienes nos rodean. Nacimos con dones y talentos únicos que merecen ser descubiertos y potenciados al máximo.

Que nuestras historias, errores, desaciertos, persistencia y logros sirvan de base para inspirar y ayudar a alguien más. Este volumen es una invitación a explorar, aprender, crecer y a entender que cada uno de nosotros tiene el poder de cambiar su propia historia.

Con todo mi cariño y gratitud,

Melisa Barrantes

AGRADECIMIENTOS

Primero, y ante todo, agradezco a Dios, porque sin Él nada es posible.

A todas las personas que, a través de mi historia, me han demostrado que muchas veces la gente te enseña más que un libro. Siempre escucha y estudia a quienes aparecen en tu vida, aprende de ellos.

A mis padres, que me dieron la vida, y por eso estoy eternamente agradecida.

A mi equipo, que me apoyó en cada detalle, tal como dice el proverbio: «Si quieres llegar rápido, camina solo, pero si quieres llegar lejos, camina acompañado».

Y al conejo blanco, como en *Alicia en el País de las Maravillas*, gracias por mostrarme el camino sin enseñarme nada explícitamente. Tuve que experimentar y vivirlo por mí misma, es así como realmente se aprende en esta vida.

Gracias a todos.

Nunca defraudes a las personas que creyeron en ti y siempre agradece a quienes te dijeron «no», pues te están llevando hacia donde verdaderamente debes ir.

SOBRE LA AUTORA

De la tradición a la revolución digital:
la historia de Melisa Barrantes

Desde Costa Rica hasta convertirse en pionera digital, Melisa Barrantes ha recorrido un camino lleno de desafíos y reinvenciones. Su historia es un testimonio de resiliencia, adaptación y de la capacidad de integrar innovaciones tecnológicas en su vida y carrera, mientras comparte su conocimiento con toda Latinoamérica.

Raíces y desafíos

Melisa creció en una familia costarricense donde el «pura vida» es una forma de vivir. A pesar de enfrentar el divorcio de sus padres y un embarazo inesperado a los 16 años, continuó sus estudios con el apoyo de su madre, y obtuvo su título de bachiller mientras criaba a su hija.

Descubrimiento y resiliencia

A los 23 años, Melisa estudia Derecho y descubre la descentralización, lo que despierta su interés sobre cómo estas innovaciones podrían revolucionar diversas industrias. Aunque su carrera como abogada no le satisface, encuentra nuevas oportunidades en el marketing digital, las ventas y la moda.

De abogada a pionera digital

El negocio de la moda no tiene el éxito esperado, pero Melisa se reinventa. Se adentra en el *marketing* digital. Asiste a a talleres y cursos en diversos países, y adquiere valiosas perspectivas de importantes filósofos y mentores.

Compartiendo conocimientos en Latinoamérica

Melisa regresa a Latinoamérica con un profundo conocimiento y una visión global sobre la era digital. Se convierte en una figura clave en la educación y adopción de estas tecnologías en la región, al empoderar a mujeres y latinos para mejorar sus vidas y negocios.

Empoderando con tecnología

Melisa guía a empresas y emprendedores en Latinoamérica hacia la adopción de tecnologías emergentes, promoviendo la educación tecnológica y ofreciendo nuevas oportunidades de crecimiento. Su impacto trasciende fronteras e inspira a otros a prosperar en la era digital.

El legado de Melisa Barrantes

Melisa representa la convergencia entre tradición e innovación. Su trayectoria desde el Derecho hasta el liderazgo en tecnología digital es un faro de inspiración para quienes buscan adaptarse y sobresalir en un mundo en constante evolución tecnológica.

PRÓLOGO

Hace aproximadamente cinco años, tuve el inmenso privilegio de conocer a Melisa Barrantes. Meli, como tengo la fortuna de llamarla hoy, es una mujer cuya sola presencia puede transformar cualquier entorno de aburrimiento y sosiego en uno más despierto, de actividad, creatividad y aprendizaje.

Nuestra primera reunión en Miami se ha quedado grabada en mi memoria como un momento de esos que llamamos mágicos, que te regalan no solo una aliada, sino también una amiga de vida. Recuerdo nuestra cita en una tarde cálida en la terraza de la piscina de un elegante hotel en Miami Beach. Yo estaba muy acostumbrado por mi rol de asesor de marcas personales a este tipo de reuniones con personalidades, artistas, celebridades y empresarios, que aprovechaban su estadía en la Ciudad del Sol, para abrirse posibilidades de vida. La vi y lo primero de lo que me percaté es de que no le teme a la atención y camina segura sobre el poder que le ha otorgado su belleza interior, sin menospreciar su ventaja de mujer.

La conversación empezó muy amena. La vista y la energía de la ciudad de Miami siempre crean ese ambiente perfecto para charlas que cambian la percepción de lo que se puede lograr en la vida cuando uno echa un vistazo a cualquier vecino de mesa. Me acuerdo de escucharla hablar con una pasión en sus ojos que siempre le ha caracterizado. Melisa me habló de su visión de convertirse en una figura emblemática que empoderara y abriera el camino para que otras mujeres aprovecharan las oportunidades de la nueva era digital.

Describió su misión con una intensidad que era contagiosa. En esa terraza, me di cuenta de que no estaba simplemente escuchando a una mujer más hablar de sus sueños, sino a una visionaria que estaba decidida a cambiar su mundo y el de sus congéneres. Entendí que su habilidad para adaptarse a este mundo digital es impresionante, pero lo que realmente la distingue es su curiosidad insaciable y su aptitud para conectar con las personas a un nivel atemporal. Melisa tiene una facilidad increíble para comprender las dinámicas socioculturales y sabe cómo aprovecharlas. Su destreza para identificar talentos, no solo en ella misma, sino también en los demás, es uno de los pilares que la hacen destacar en cualquier grupo, y para mí, la razón de haber iniciado una relación con una aliada comercial invaluable.

Nuestra amistad se ha forjado a través del tiempo, no fue de buenas a primeras, sino a través de momentos compartidos, reflexiones profundas y un apoyo mutuo en los negocios. Melisa no es solo una gran amiga, es una mujer emprendedora, madre dedicada y una sherpa del mundo digital.

Ella comparte valores familiares que parecen haberse desaparecido en estos tiempos. Ha demostrado ser una madre excepcional, al criar a su hija única con amor, sabiduría y una increíble fortaleza. Su dedicación se refleja en todo lo que hace, infunde en su niña los mismos valores y principios que ella defiende tan apasionadamente en su vida profesional. Su capacidad para equilibrar las demandas de la maternidad con sus ambiciones profesionales es verdaderamente asombrosa. Ha sabido convertir cada desafío en una oportunidad para crecer y enseñarle a Brenda las ventajas y los peligros del mundo digital y, sobre todo, que no hay límites para lo que puede lograr.

En el ámbito profesional, definiría a Melisa como una pionera. Ha utilizado sus conocimientos para alcanzar sus propias metas y también para abrirles camino a otras mujeres, animándolas a descubrir y aprovechar sus talentos. Su potencial para adaptarse y evolucionar con las tecnologías emergentes es una inspiración para otros. Algo que siempre me impresiona es el dominio que tiene de las herramientas financieras digitales. Entiende profundamente cómo estas pueden ser utilizadas para cambiar vidas y tomar ventajas.

La tecnología, lejos de ser un obstáculo, ha sido su aliada, le ha dado su libertad. Asimismo, le ha permitido ampliar su influencia y brindarles a otras mujeres la información necesaria para destacarse en un mundo cada vez más digitalizado.

Este libro es un testimonio de su pasión y su inquebrantable deseo de empoderar a otros sin mezquindad. A través de sus palabras, Melisa nos invita a todos a embarcarnos en un viaje de autodescubrimiento, crecimiento personal y profesional, y a no temer a los cambios que trae consigo el Internet. Nos muestra que, con determinación, curiosidad y una red de apoyo sólida, podemos superar cualquier obstáculo y alcanzar nuestros sueños. Sus consejos prácticos y sus experiencias personales proporcionan una guía clara y motivadora para quienes desean transformar sus vidas y aprovechar al máximo las oportunidades que ofrece la era digital.

Si lees con detenimiento y aprendes su fórmula para el cambio de tu mentalidad, este libro será un faro en tu vida. Te mostrará desde cómo enfocarse en lo positivo, hasta la forma de crear las oportunidades que te darán la ventaja, incluso en situaciones muy adversas.

El poder personal al que nos invita Meli se centra en la facultad de influir en los demás, así como en desarrollar habilidades para tomar decisiones firmes y valientes que te lleven a nuevas alturas.

Su enfoque en la marca personal, desde mi punto de vista, manifiesta su extensa comprensión sobre la importancia de cómo nos presentamos al mundo. Ha entendido el arte de construir una marca auténtica que resuena con sus valores y aspiraciones, y así nos enseña a todos la importancia de ser coherentes y verdaderos con nosotros mismos.

Cada vez que conversamos, recuerdo especialmente aquella tarde en Miami Beach y caigo en cuenta de que Melisa está destinada a grandes cosas. Su meta de convertirse en una de las mujeres más reconocidas por impulsar a otras a tomar ventaja de la nueva era digital no es solamente un sueño, es una realidad en construcción.

Este volumen es una guía práctica y, a la vez, un reflejo de un espíritu rebelde. Nos invita a todos a explorar nuestro potencial, a abrazar nuestros talentos y a no tener miedo a destacar. Con sus palabras, nos anima a desafiar las normas, a romper barreras y a crear nuestras propias oportunidades en este mundo digital.

Melisa, gracias por ser una fuente constante de inspiración, por tu amistad inestimable y por tu pasión contagiosa. Estoy emocionado de ver hasta dónde llegarás y de continuar siendo parte de este increíble viaje. Eres una prueba viviente de que, con ímpetu, dedicación y una mente abierta, cualquier cosa es posible. El lector podrá reconocer tu capacidad para ver lo mejor en las personas y tu determinación para ayudar a otros a alcanzar su máximo potencial. Cualidades que te hacen única, y que de seguro despertarán una versión mejorada de cada una de las personas que se atrevan a llegar a ser lo que pueden ser en la era digital.

Con admiración y cariño,

Javier Jaimes
Especialista en Mercadeo y Publicidad.
Miembro de la NMSBA
CEO del Grupo ALAEX
Mentor +380 marcas personales
Instagram @JAVIERALAEX

RECONOCIENDO Y NUTRIENDO DONES DESDE LA INFANCIA HASTA LA ADOLESCENCIA

1

Si hace trece años alguien me hubiese dicho que estaría viviendo esta vida, no le hubiese creído. Nací en Costa Rica como hija única, crecí en el seno de una familia trabajadora. En el año 1993, mis padres se divorciaron; hoy sigo recordando ese evento como uno de los episodios más tristes de mi vida. Tal vez en este momento no lo entendía, pero la realidad es que cualquier situación de ese tipo es traumática para una niña pequeña. Sin embargo, lo importante de todo eso es que, a pesar de lo ocurrido, fui feliz. Desde siempre he querido cosas diferentes a la mayoría de las personas, me gustan las cosas buenas, bonitas, como dicen: «las cosas grandes».

Reflexionando un poco sobre mi infancia, siempre he sido testaruda y persistente, creo que eso es lo que me ha traído hasta este momento, además, desde muy niña me ha gustado estudiar, lo disfruto mucho. Recuerdo que ayudaba a mis compañeros, habitualmente terminaba primero que el resto del grupo, entonces la maestra me decía: «Meli, ayuda a tus compañeros». Me pedía que enseñara a mis compañeritos de clase lo que se les dificultaba de la tarea.

Recuerdo a mi maestra Alba, la ubico como mi primera mentora. Más que una maestra fue alguien que me enseñó a creer en mí. Hace poco tiempo tuve la oportunidad de conversar con ella, me dijo: «Siempre supe que ibas a llegar lejos». Eso es lo que una persona necesita, tener a alguien que crea en uno (ojalá fueran los padres que hicieran esto) o tener las herramientas para autoayudarnos, eso sería de gran ayuda para no vivir buscando la aprobación en otros. Bajo mi perspectiva, la diferencia entre un profesor y un maestro, es la inspiración que provoca en el alumno.

La infancia es un período de gran repercusión para el futuro, es durante estos años que se origina la personalidad del ser humano, su desarrollo cerebral, su felicidad, salud, la capacidad de aprender, el bienestar, todo lo que involucra el desarrollo de la personalidad. La mayoría de los problemas de los adultos tienen su origen en la infancia. Lo que experimentamos y aprendemos en esta etapa deja un rastro en nuestro cerebro que no se puede borrar y no somos conscientes de ello. Nadie nos habla sobre qué hacer para enfrentar nuestros miedos y traumas de la niñez.

Te recomiendo buscar, preguntar e indagar sobre tu origen familiar, porque nuestra infancia influye en cada aspecto de la vida. En mi familia encontré personas que terminaron convirtiéndose en referentes, por ejemplo: mi abuela paterna, ella fue a la universidad en una época en la que las mujeres solo se dedicaban a sus hijos y al hogar. Tengo que destacar que fue una de las primeras mujeres de mi país en cursar una carrera universitaria. Otro ejemplo a seguir para mí es mi mamá.

Analizando y observando a las mujeres de mi entorno, me di cuenta de que mi abuela paterna fue una mujer que vivió rompiendo paradigmas de género y época. Mi otro referente, mi madre, toda una mentora, es una mujer de carácter, organizada, proyectiva, adelantada a su época, protectora, leal y cariñosa. Pero también centrada y directa. Ella decidió trabajar y estudiar, al mismo tiempo criarme, adicionado a eso, ella se divorció en una época en la que esto era considerado un tabú social.

Mi mamá y mi abuela paterna con sus ejemplos me impulsaron a estudiar, a edificar con esfuerzo lo que quería. Me convencieron de que eso cambiaría mi vida, pues crearía y construiría algo nuevo para siempre sobresalir. De mi papá hablaré más adelante, él es un personaje muy especial, con quien comparto un vínculo de cariño y admiración.

En las primeras etapas de mi vida, nadie podía sospechar los dones que Dios me regaló cuando nací. De todo lo que hablaré a continuación son experiencias en el desarrollo de mis habilidades y talentos, también el reflejo de las oportunidades que me ha dado la vida para ponerlos al servicio de la gente, especialmente mujeres latinas. Este libro se escribió con la idea de lograr que tú también descubras cuáles son tus capacidades, que les saques el máximo provecho a la era digital y comprendas el porqué de lo que haces, consiguiendo así transformar tu vida.

Las experiencias que he tenido me hicieron percibir y aceptar que aquello que nos hace diferentes es lo que nos ayudará a destacar entre los demás en el futuro, sobre todo en este momento de la historia. Debemos dejar de vernos como seres indefensos, tenemos una gran fuerza interior, somos dueños de nuestro destino. Ojalá nuestros padres nos hubieran dicho esto todos los días de nuestra infancia. Por eso ahora vengo a decirte con firmeza: «¡Ve por todo!».

Somos el reflejo de nuestra niñez. Si tuviste una infancia traumática, no es tu responsabilidad. Sin embargo, ahora de adulto debes buscar resolver esos traumas que vienes arrastrando desde esa época.

«HAY UNA FECHA DE CADUCIDAD PARA CULPAR A TUS PADRES POR CONDUCIRTE EN DIRECCIÓN EQUIVOCADA; EN EL MOMENTO QUE TIENES EDAD SUFICIENTE PARA TOMAR EL TIMÓN, LA RESPONSABILIDAD ES TUYA».

J.K. Rowling

En la infancia, mi vida fue feliz y tranquila; en cambio, cuando llegué a la secundaria me enfrenté con una realidad totalmente nueva, la cual debo decir que fue terrible para mí, más como estudiante que como persona. Durante los seis años de la escuela, siempre tuve la misma maestra, mientras que en la secundaria todo era diferente: varios profesores, jóvenes que me tocaría conocer y establecer nuevos vínculos, una dinámica totalmente distinta, que me sacó de la zona de confort.

En esta etapa de mi vida, como toda adolescente, empecé a expresarme a través de mi estilo, con mi cabello, cambiándolo de color y de peinado. Me encantaba socializar, reunirme con los amigos y sobre todo con los que no eran de la escuela.

La etapa escolar en el colegio público era el nuevo escenario para desarrollar otra destreza: las relaciones sociales, el dejarme llevar por esa nueva habilidad implicó hacer amistades, ampliar mi círculo social con personas de otros lugares y barrios. En ese momento de mi vida no sabía que esa habilidad me daría herramientas para desarrollarme en el futuro con fluidez en diferentes escenarios haciendo más fácil el trabajo en equipo, así como relacionarme con todo tipo de personas y desde cualquier lugar del mundo. Sinceramente, tengo que decirlo: no me gustó el colegio ni sus reglas. Nunca me ha gustado que me digan qué hacer. No obstante, sí me gustaba estudiar, aunque me desagradaba no tener la compañía cercana de mi maestra.

Constantemente la vida te presenta momentos y situaciones que te obligan a salir de tu zona de confort; en los años de adolescencia es mucho más traumático. Mis objetivos cambiaron, ya no era mi prioridad ser la primera de la clase ni mucho menos el primer promedio, lo que me gustaba era disfrutar de esa nueva sensación de libertad que me daban la adolescencia y el colegio.

Solo que, al enfrentarme a la libertad y la toma de decisiones, también me tocó lidiar con las consecuencias.

En el año 2000, me embaracé a la edad de dieciséis años. La preocupación de toda madre, pero a pesar de las circunstancias y de todo lo que se venía con esta situación, mi mamá me apoyó desde el primer día que lo supo. Ese soporte brindado por ella hizo que todo fuese menos pesado y más llevadero. Ahora, después de veintitrés años, puedo decir que todo valió la pena. El ser madre ha sido una de las experiencias que más sentido le ha dado en mi vida, incluso hoy en día continúa proporcionándole mayor significado a mi experiencia en esta tierra.

Si luego de todos estos años puedo aconsejarle algo a las mujeres jóvenes del mundo es que se eduquen; esta situación de la que te vengo platicando en los últimos párrafos no ocurrió por tener relaciones sexuales, sino por tenerla sin contar con una educación sexual.

Venía desarrollando mi embarazo de la manera más natural, dentro de lo que corresponde a un embarazo adolescente. Sin saberlo aún, el nacimiento de mi hija se estaba adelantando, dado que un día en la mañana empecé a sentirme extraña, con malestar en el cuerpo, pero estaba confiada y tranquila porque me faltaban muchos meses para dar a luz. De un momento a otro se intensificaron los dolores y hubo que llamar a una ambulancia, sin embargo, en vez de estar lista, yo estaba ocupada buscando la ropa que combinara, ya sabes, cosas de jovencita; me llevaron al hospital aún sin saber a lo que me enfrentaría en las horas venideras.

En fin, fue un parto tormentoso, Brenda nació de seis meses, llegando a pesar 900 gramos, y estuvo debatiéndose entre la vida y la muerte durante muchas semanas, por lo que en un momento creímos que no sobreviviría; la veíamos todos los días con agujas por todo su cuerpecito y alimentándose a través de una sonda. A pesar de todo, mi bebé prematura fue fuerte y salió adelante; la única opción era estar con ella como mamá canguro hasta verla salir del hospital con un pronóstico más alentador.

Por esos mismos días continué con mis estudios, me tocaba presentar los exámenes de bachillerato, los cuales estaba sacando por madurez. Así que un par de semanas después de haber nacido Brenda, estaba obteniendo mi título de bachiller en educación media. Aunque mi entorno seguía repitiendo: «Se te acabó la vida» o «Se te truncó la vida», siempre supe que debía seguir adelante.

Todo apuntaba a que no iba a terminar la escuela, pero mi intención siempre fue completarla. Así que, al dar a luz, inmediatamente me inscribí en nuevas oportunidades en la noche y seguí estudiando con todo tipo de personas y de todas las edades; era mi opción, terminaría de estudiar con el ritmo de vida que yo había elegido. Para el mundo real, ese en el que me estaba desenvolviendo, yo no era un bicho raro, como en el colegio, al contrario, era inteligente y divertida. No estaba dispuesta a dejar que la gente me etiquetara y contara mi historia desde sus ojos. Las cosas que me pasaron y las situaciones que viví no determinarían mi futuro.

Siempre disfruté estudiar, obtener buenos resultados que se reflejaran en mis calificaciones, sin embargo, tengo que reconocer que fui favorecida por el sistema educativo de mi país, que es principalmente memorístico; más que formativo, es sumativo. Esta cualidad me ponía en ventaja sobre mis compañeros, al tener una excelente memoria, hecho por el cual todos me catalogaban de inteligente, y sí lo era, solo que la verdad, también sea dicha, el sistema educativo me daba mucha ventaja por tener desarrollada esa importante habilidad.

En la adultez comprendí que la memoria es una destreza que no todos los niños manejan de igual forma; sin querer ser excluyente con los niños que manejan otras habilidades. Por ejemplo, en la escuela si yo leía un libro, me costaba explicarlo o llevarlo a la práctica, trasladarlo a lo operativo cuando, pongamos por caso, me tocaba exponer. Era otro cuento aprendérmelo de memoria, ahí radicaba mi habilidad.

Finalmente, entendí que soy absolutamente visual. Charles Darwin expresó en su momento que no se debe evaluar a un pez por su habilidad de trepar un árbol. En las escuelas solo se enfocan en la lingüística y la habilidad lógico matemático, aunque deberían tomar en cuenta cada uno de los tipos de habilidades que los estudiantes tienen, los cuales se pueden identificar con ejercicios de observación y análisis de inteligencias múltiples por parte de los maestros. En mi caso, como era tan importante en esa época tener muchos recursos memorísticos, tuve éxito.

¿Por qué te cuento todo esto? Porque quiero que comprendas que lo pasado no debe definir tu futuro, siempre existe una nueva oportunidad de desarrollar diferentes habilidades. La educación en la infancia debería enfocarse en habilidades básicas, como lectoescritura, matemáticas, pensamiento crítico, trabajo en equipo y el desarrollo socioemocional.

Aunque en esta era digital, lo importante es que las personas puedan desarrollarse laboralmente en lo que realmente les haga feliz y exploten sus habilidades como expresión de su inteligencia. Como padres es importante ir detectando las habilidades y destrezas de nuestros hijos para ayudarles desde el inicio en su desarrollo futuro.

Conocer y desarrollar nuestros talentos es tan importante como realmente entender qué es y cómo influyen en nuestra vida. El talento es aquello que te diferencia de los demás. Se trata de una habilidad natural que puede manifestarse en cualquier ámbito de tu existencia. A menudo, ni siquiera recordamos desde cuándo lo poseemos, ya que nos resulta tan fácil de usar. Una vez que lo identificamos, podemos reconocer las numerosas ocasiones en las que nos ha sido útil. El talento es una habilidad tuya que los demás ven claramente, y pueden apreciar en distintos ambientes. Poner en práctica tu talento te genera placer y te hace sentir bien.

¿Cómo hacer un inventario de los talentos que posees?
Acá te dejo un ejemplo para que lo ejercites y puedas ponerlo en práctica; así mismo puedes ayudar a los de tu entorno aplicándoles este ejercicio. Créeme, cada uno de tus talentos es un activo[1] de suma importancia en esta nueva realidad en la que estamos viviendo.

---

1 Todo lo que pueda dar beneficio económico.

EJERCICIO:

Haz una lista de tus talentos y a cada uno hazle las siguientes preguntas:

- ¿De dónde viene?

- ¿Es una cualidad innata en ti?

- Incluso si lo has descubierto tarde, ¿es algo con lo que naciste?

- ¿Te resulta fácil y no te cuesta esfuerzo?

- ¿Puedes dar fácilmente ejemplos de cuándo lo utilizas?

- ¿Los demás te lo han reconocido en diferentes ocasiones?

- ¿Disfrutas haciéndolo?

Ahora que conoces tu talento es tiempo de ponerlo a trabajar para ti, por ello necesitas contestarte las siguientes preguntas:

- ¿Estás entrenando tu talento?

- ¿Estás usando esos talentos para lo que quieres conseguir?

- ¿Cuál de tus talentos vas a empezar a entrenar?

- ¿En beneficio de cuál objetivo?

- ¿Cuándo?

____

____

Aunque en su momento considero que alteré el orden de lo que se encuentra socialmente establecido, como lo fue tener a mi hija tan joven, reconozco que siempre me he caracterizado por ser constante. Desde que di a luz entendí que mi hija sería un motor, una fuerza externa que me impulsaría y ayudaría en cualquier proceso de la vida. Aunque no todo fue color de rosa, puesto que vivía todos los días con etiquetas como «madre adolescente», yo persistí por todo lo que quería vivir y descubrir en esa nueva etapa de la Melisa mujer; contaba con el apoyo de mi madre y con mi hija, así fue que pude sacar adelante una carrera universitaria, concretar negocios y seguir viviendo mi vida, con las ganas de siempre, pero ahora con los objetivos más claros.

En ese proceso me tocó aprender lecciones complejas, entender que no podía dejar que las situaciones difíciles me detuvieran, al igual que comprender que la opinión que tuvieran los demás sobre mi vida era solo una proyección de sus creencias, por lo tanto, no tenían ninguna validez sobre mi destino.

SÉ EL *ROCKSTAR* DE TU VIDA

2

Te voy a contar un secreto que no es ningún secreto: todo tu mundo es una construcción de tu cerebro.

Tengo más de 10 años viviendo una aventura en la que incorporo el área digital en casi todos los aspectos de mi vida. Siempre quise escribir un libro, pero fue durante la pandemia que me propuse, en serio, a definir los temas, entre ellos: cambio de mentalidad, autoconcepto, poder, marca personal, tecnología y otros que cambiaron mi vida. La intención es sistematizar esas experiencias, moldearlas y empaquetarlas a fin de hacer de ellas una guía que te ayude a conseguir las metas que te propongas en cualquier área de tu vida. La era digital permite una gama de posibilidades que pueden transformar la vida de cualquier persona.

Sabía que estas vivencias podían ayudar a otros a hacer un cambio de paradigmas en sus propias vidas, ya que podrían darles un atajo, un camino corto con más herramientas para alcanzar sus metas. Solo quiero decirte que todas las personas tenemos problemas, miedos, obstáculos a vencer, no importa las cosas con las que hayas tenido que luchar en el pasado, enfócate en tu potencial, para que construyas un futuro maravilloso. Aprovecha todas las experiencias y vivencias que te permitieron ser la persona que eres hoy, y no permitas que nadie te diga cómo debes vivir la vida. Recuerda que tú eres el dueño de tu propio destino. La parte más dura de tu historia, será las más poderosa.

Cuando conocemos nuestro poder nos movemos diferente. Es importante saber qué queremos, por qué lo queremos y sobre todo, cuánto estamos dispuestos a invertir de nuestra vida para alcanzar lo que nos proponemos. La relación entre lo que creemos que somos, la imagen que damos a los demás y lo que la gente piensa de nosotros debe ser clara y coherente.

Sabemos que no somos perfectos, en cambio sí somos completamente perfectibles.

Pensar en forma positiva hará que nuestros planes se conviertan en acciones a largo plazo. La base de un plan duradero es plantearse una meta y disfrutar del proceso. Algo que te ayudará a conseguir tus metas es establecer un propósito claro, desglosarlo en objetivos específicos y estos, a su vez, en tareas operativas que puedas hacer día a día; esto te hará el camino más fácil dado que lo estarás viendo punto por punto. De esta forma podrás conocer a profundidad tus fortalezas y debilidades, reconocer cuáles son tus oportunidades y conducirte a trabajar en tus amenazas.

En el momento en que encontré mi objetivo en la vida, me prometí que nunca más iba a volver a dudar de mí, esto fue lo que hizo la diferencia, iba a hacer solo lo que me hace sentir bien, así eso significara alejarme de personas, lugares o situaciones. Desde entonces he vivido bajo una simple idea: ser libre para vivir mi vida sin hacerle daño a nadie, ayudar a las personas que deseen ser ayudadas. Y sí, también prometí que yo sería la prioridad en mi vida. Esta práctica me ha dado un resultado increíble.

Ahora te pido que te hagas una promesa, que te comprometas contigo mismo para ser cada día una mejor persona, que busques tu propósito. Hazlo, coloca tu mano derecha en la parte de tu cuerpo que consideres más poderosa para conectar con tu energía (en mi caso coloqué mi mano en el pecho) y di en voz alta: «Prometo eliminar todo pensamiento negativo que me impida cambiar creencias y así permitirme ser libre. Me dedicaré a construir metas, ampliar mis sueños e iniciar una nueva historia, recordando que soy la protagonista y puedo cambiarle el guion».

Si estás leyendo este libro, lo más probable es que estés buscando un cambio. Si estás cómodo con tu vida y deseas aprovechar las oportunidades que se avecinan, me alegraría que igual continúes haciéndolo, te prometo que no te vas a arrepentir.

Hasta ahora solo he hablado de las ideas, proyectos u objetivos que nos planteamos, pero ¿qué pasa con las veces que lo hemos intentado y fallamos? Quiero decirte que fracasar no es un error, la perfección no existe, hasta la inteligencia artificial se equivoca. Cometo errores con frecuencia, y cada vez que lo hago, me permito evaluar dónde fue que estuvo el fallo para mejorarlo la próxima vez. Así que, si en algún momento te equivocas, no dejes que el sentimiento de fracaso te domine; más bien revisa, toma acciones y regresa con más fuerza. Nos equivocamos, no es el fin del mundo.

«NO HE FRACASADO. HE ENCONTRADO 10 000 FORMAS QUE NO FUNCIONAN».

Thomas Alva Edison

Vamos a la transformación. La experiencias no se tratan de obtener resultados materiales, sino de aprender de los errores y salir fortalecido de cada vivencia. Muchas personas no logran aprovechar estas oportunidades porque le temen al fracaso, pero es precisamente en esos momentos donde se encuentra mayor crecimiento. Mucha gente no puede aprovechar su propio potencial porque no tiene confianza en sus habilidades; y yo fui venciendo ese miedo y desconfianza atreviéndome a hacer cosas que me llevaran por caminos distintos a conocer personas, viajar, aprender otro idioma y reconocer las diferentes culturas que me regalaron una nueva forma de vivir la vida.

Nuestra mente posee dos partes fundamentales: el consciente y el subconsciente, una de ellas constituye el 5 % de nuestras conductas y decisiones, mientras que la otra el 95 %. Esto quiere decir que tú realmente no estás tomando tus decisiones, dado que, como desde la infancia vamos aprendiendo por imitación, hemos recopilado información con la cual nuestra mente interpreta la realidad, con creencias limitantes, para adaptarnos al entorno.

En nuestro cerebro se encuentra el sistema reticular activador ascendente (tiene un nombre poco común, aunque definitivamente una función mágica), el cual se encuentra en el tallo encefálico; de sus múltiples funciones, tal vez la más interesante es que es filtrador, es decir, el sistema reticular activador ascendente se encarga de filtrar todo lo que nos sucede para quedarnos con lo que nos interesa. Por ejemplo, si estás buscando información sobre un tema en especial, y te pones a prepararte sobre ese tema, tu cerebro va a hacer todo lo posible por encontrar ese asunto. La mente favorece a la preparación, por lo que se hace más fácil percibir las oportunidades.

La mente consciente es aquella a través de la cual adquirimos conocimientos, esta es la que nos permite razonar, tomar decisiones y analizar; la mente consciente es la que usamos para saber cómo hacer lo que debemos hacer. Al cruzar la calle se toman en cuenta los colores del semáforo, las señales de tránsito, la ubicación y la velocidad de los vehículos; todas estas son múltiples actividades involucradas en el solo hecho de cruzar la calle. Solo que como lo hacemos a diario, la mente inconsciente lo incorporó y ahora lo hacemos de manera automática. Así mismo ocurre con actividades como manejar un vehículo y atarse los cordones de los zapatos.

La mente inconsciente es la emoción, y se deja llevar por gustos, deseos y amor. Inconscientemente creamos enlaces neuronales hacia personas o cosas. La mente inconsciente es la que nos hace comprar, sentir celos; en ella almacenamos todas nuestras experiencias de vida.

Por otro lado, es la encargada de nuestros sentimientos y de mantenernos en la zona de confort (ella va a tratar de mantenernos ahí). Si la logramos dominar, nos permitirá el éxito en todos los ámbitos de nuestra vida; ese es un trabajo complejo, pero se puede conseguir.

Para que lo veas más claro, imagina que te mudas de hogar, al principio, en la nueva casa vas a estar buscando lugares y cosas que estaban en el anterior espacio, debido a que la mente inconsciente nos lleva a hacer eso, no obstante, esto no dura para siempre y cuando nos acostumbramos al nuevo hogar, dejamos de hacer ese tipo de cosas.

Tu subconsciente tiene la respuesta a todos tus problemas, tu máximo potencial y la clave para explotar tu éxito; podrás desarrollar todo esto cuando entiendas que sí se puede alinear ambas partes de tu mente. Es una realidad que se puede dejar de vivir en piloto automático y tomar las riendas de tu vida. Como dice el mentor Mario Puig:

«LA MENTE ES COMO UNA COMPUTADORA QUE DEBE ACTUALIZARSE; LA VIDA VA CAMBIANDO, Y NO NOS PODEMOS QUEDAR CON VIEJOS PROGRAMAS».

Un ejemplo, a nivel personal que quisiera compartir contigo que me lees, es el de mi voz. Hubo un tiempo en el que no diría que me avergonzaba, pero no me sentía a gusto o cómoda con ella, ni siquiera podía decir que era distinta, es que nunca había escuchado una voz como la mía y por eso no sabía cómo educarla. En mi círculo cercano no me preocupaba, sin embargo, quería prepararme para enseñar (siempre he estado muy interesada en compartir mis conocimientos), por lo cual en mi cabeza había problemas a la hora de hacer esas actividades con mi voz. Siempre estuve preocupada por ese tema, mas nunca lo expresaba pero realmente me sentía limitada; quería ayudarme a no sentirme mal al respecto.

Por esa misma razón me inscribí en muchos cursos; uno de esos fue con Laura Moro, *coach* de talentos de Univisión, Telemundo y Nuestra Belleza Latina, en la ciudad de Miami. Al conocerme y tenerme en su curso, lo primero que me preguntó fue: «¿Con quién estudiaste expansión vocal? Hay gente que mata por llegar a esos tonos». Lo que me mantuvo atormentada durante años, una especialista me reveló que era una gran virtud, la cual mucha gente estudia para alcanzarla. Entonces, al comprender que la limitación estaba solo dentro de mí, dejé de preocuparme. Desde entonces comprendí que el problema no era la voz realmente, sino no tener nada que decir.

Les cuento esta anécdota para que juntos reflexionemos, sobre la búsqueda de la complejidad y la perfección, ambos son enemigos de la ejecución. Buscar la perfección en todo lo que se hace, nos lleva a paralizarnos a la hora de enfrentarnos a las pequeñas cosas, cuando lo ideal sería empezar, hacer, trabajar y avanzar; en el camino se van haciendo ajustes en consonancia con el objetivo inicial, que, dicho sea, este también puede cambiar o replantearse.

¿Qué significa eso? Tenemos en la vida dos voces, una que nos dice que no estamos listos y que no vamos a poder, y otra que nos dice que ¡sí! Así que recuerda, solo es una voz, está en tu poder ordenar esas voces y decidir a cuál quieres escuchar. Si te disciplinas, te enfocas y le pones energía (que de ella hablaremos más adelante) y corazón (el cual tiene unas 40 mil neuronas), aprenderás a tomar decisiones independientemente de lo que te diga el cerebro.

Parece ciencia ficción, pero cuando el ser humano utiliza el corazón, crea un estado de coherencia biológica, una inteligencia superior que se activa gracias a las emociones positivas. ¿Cómo se puede activar eso?, te preguntarás, pues escuchando, confiando más en la intuición, aceptándose, aceptando a los demás con coraje, no te olvides que este se entrena.

Y **POR ÚLTIMO PREGÚNTALE A TU CORAZÓN** CUANDO NO SEPAS QUÉ HACER. «

EJERCICIO PRÁCTICO:

Evaluación de Progreso Semanal

Diario de Prácticas (Compacto)

Acción	Nivel de Compromiso (1-5)
Meditar	
Contemplar	
Trabajo en grupo	
Visualización creativa	
Contacto con la Naturaleza	
Ratos a solas	
Cuidar tu entorno	
Respirar	
Escritura reflexiva	
Escuchar música relajante	

Prácticas (Compacto)

1. Identifica tu acción:

   Revisa cada una de las acciones listadas en la tabla: meditar, contemplar, trabajo en grupo, etc.

2. Evalúa tu compromiso:

   Para cada acción, califica tu nivel de compromiso durante la semana en una escala del 1 al 5, donde

1 significa muy bajo compromiso y 5 significa muy alto compromiso.

3. Registra tu evaluación:

   Anota tu calificación en la columna correspondiente.

4. Reflexiona:

   Al final de la semana, revisa tus calificaciones. Reflexiona sobre cuáles prácticas necesitas mejorar y cuáles están bien encaminadas. Este ejercicio te ayudará a mantener un seguimiento de tus prácticas y a identificar áreas para tu desarrollo personal.

VIVIENDO CON INTENCIÓN: ABRAZANDO TU AUTENTICIDAD

3

Por mucho tiempo anduve buscando mi «por qué», quería descubrir quién era y para qué Dios me había creado realmente; probé con proyectos en diferentes áreas, cosa que a muchos les parecía un rasgo de personalidad inestable, pero la verdad es que solo me apasionaba buscar mi intención en la vida. Me entrené con los mejores *coaches* del mundo para que me ayudaran en todo este proceso; como lo fue Tony Robbins, puedo decir con seguridad que sigue en la búsqueda. Si este es tu caso y esto es lo que estás buscando, continúa, deja de hacer tantas preguntas y sigue adelante, intentar y fallar; esto fue lo que me trajo hasta aquí. Siempre me sentí como la oveja negra, dado que desde muy temprano me salí de la caja.

Actualmente, contamos con la tecnología más avanzada que hemos visto en nuestras vidas y gracias a que conseguí mi propósito e hice un plan para alcanzarlo, viviendo la vida que me había imaginado, ahora muchas personas me piden asesoría para tener la posibilidad de reinventarse, de generar otros activos o trabajar desde cualquier parte del mundo. Para poder aprovechar las oportunidades que nos presenta esta era tecnológica en los seres humanos debe operar un cambio de paradigma en el que se favorezca la voluntad de aprender y una toma de decisiones asertivas.

Cuando te permites lo que mereces, atraes lo que necesitas.

Desde siempre me apasionó el comportamiento humano, por lo que antes de graduarme de abogada, me invitaron a participar en un curso de comunicación no verbal para abogados, el cual me impactó porque me pareció interesante dejando claro en palabras sencillas que la boca puede mentir, pero el cuerpo no. En ese curso nos hablaron sobre la amígdala, esta tiene como función revisar la información que llega al cerebro, por medio de los sentidos, con el fin de detectar cualquier cosa que pueda influir en nuestra supervivencia. Nos lo explicaron usando casos como el de Ted Bundy.

Bundy ha sido y sigue siendo una pieza clave en el entendimiento de los asesinos en serie. Desde que se conoció su caso, mucha gente lo etiquetó como un psicópata; la psicopatía es un rasgo de la personalidad que cae bajo el trastorno de personalidad antisocial. Las personas con este trastorno tienen un «patrón a largo plazo de manipulación, explotación o violación de los derechos de los demás sin ningún tipo de remordimiento[2]». Adicionalmente, se supo que Bundy

---

2 MentalHealth.org. (2019). Trastornos de la personalidad. Recuperado de https://espanol.mentalhealth.org/sintomas/trastornos-de-personalidad/

cumplía con los criterios de trastorno bipolar, un trastorno mental conocido como trastorno maníaco-depresivo.

La psicopatía del asesino no es a lo que quiero que le prestemos atención, sino al hecho de que la mente humana es muy compleja. En mis años universitarios, todos estos temas comenzaron a apasionarme y me interesaba responder preguntas como: ¿cómo nuestra mente controla todos los aspectos de nuestra vida? Dado que en muchas ocasiones no somos conscientes del poder que ejerce la mente sobre nuestros actos. Entonces, controla tu mente y dominarás al mundo.

Lo más seguro es que, así como yo, tú también te has preguntado ¿cómo se mide el éxito?, ¿cómo supuestamente funcionan las cosas que nos ocurren?, ¿cómo existen las cosas?, ¿qué es natural?, y ¿qué cosa no lo es?, ¿qué es lo bueno y lo malo? Tenemos todos esos criterios interiorizados y al final del día no sabemos la razón que nos lleva a creer en aquello que creemos, y por ello los interrogantes recurrentes en todos nosotros. Yo quiero brindarte herramientas para que internalices esa razón y te des cuenta de que tus creencias son solo eso: creencias, no verdades absolutas sin variación.

Una vez que interiorizas que muchos de los juicios que usas para explicar el mundo son creencias aprendidas, te detienes y reflexionas sobre la posibilidad de cambiar tu manera de pensar, ver las cosas de forma diferente, lo cual te dará la fórmula para cambiar esas creencias a tu favor. Hay mucha gente que ni siquiera puede ver las oportunidades, en vista de que no tiene la disposición para entenderlas como cambios reales.

Voy a compartir un ejemplo, sobre este tipo de experiencias. En un entrenamiento al que asistí, el mentor nos hizo ver en una pantalla gigante un video de un juego de básquet, se nos dio indicaciones de no perder de vista a los jugadores del equipo de las camisetas negras. Al finalizar la acción, se nos preguntó si habíamos visto un gorila, luego de un silencio y un poco de confusión, nadie contestó haber visto el gorila. Por lo que pusieron el video otra vez y después de repetir el video, efectivamente el gorila estaba en medio de la pantalla, enorme, no podía pasar desapercibido, solo que antes nadie lo había visto. Así pasa con las oportunidades cuando estamos frente a ellas, pero viendo hacia otra dirección, distraídos, de modo que nos perdemos de grandes oportunidades por no estar atentos. Puedes tener una oportunidad para el cambio justo frente a ti y no la vas a ver, los prejuicios literalmente te ciegan y cierran las puertas al mundo.

Tus pensamientos se van programando desde el momento en el que tienes conciencia, tus familiares, tu entorno cercano, la escuela determinan en gran medida lo que piensas, y por ende cómo actúas. Por lo que, si quieres cambiar algo en tu vida, debes empezar por reemplazar los pensamientos que te han llevado a tener los hábitos que te dominan hoy en día. Recuerda que somos cinco cuerpos en uno: físico, mental, emocional, energético y espiritual. Normalmente nosotros solo utilizamos tres de estos cuerpos. Lo que no sabíamos es que también está la parte energética y nuestra alma que por lo general no la utilizamos con consciencia.

La clave para entender la vida está en no solamente vivir cada día, sino en probar cosas nuevas, desaprender lo que te han enseñado, olvidar aquello que te dijeron que eras tú, elimina ese pensamiento y crea tu mejor versión. Cuando entiendes esto, se te abren las puertas para brillar con tu propia luz.

La parte física es importante para lograr cambios, a razón de que nuestro cuerpo y mente están interconectados. Al cuidarte físicamente, liberas endorfinas y otros neurotransmisores que mejoran tu estado de ánimo y reducen el estrés. Esto te permite manejar mejor las emociones negativas y tener una mayor estabilidad emocional, influyendo positivamente en todas las áreas de la vida.

Para que exista un cambio en todas las demás áreas, se debe empezar con el área física, encargada de modificar la química de tu cerebro; para que haya un cambio real es primordial iniciar por el cuerpo físico. Si tuvieras el mismo carro para el resto de su vida, ¿no lo cuidarías? Para lograr las metas necesitamos energía y vitalidad a fin de enfrentar cada desafío.

Es obligatorio moverse, aunque si ya tú tienes el hábito de asistir al gimnasio, a yoga o pilates, ya tienes la base para el cambio físico; mientras que si eres sedentario, debes por lo menos incorporar caminatas por la calle, o un parque, lo importante es que rompas con el sedentarismo. Una hora de caminata te aporta salud y devuelve años de vida. Otras cosas que debes tener en cuenta a la hora de cuidar de tu cuerpo son las siguientes:

- Sonríe. Engaña a la mente para que seas más positivo; simplemente con el hecho de mover los músculos faciales generas emociones positivas en ti y el mundo que te rodea.
- Realiza pausas activas. Cuando se lleva más de dos horas sentado, ya sea por el trabajo o el estudio, con el celular o viendo la tele, puedes dar una vuelta por la casa, abrir la ventana, cantar o bailar. Muévete y conecta con los movimientos.
- Conecta tu cuerpo a través de ejercicios de respiración. Cuando respiras profundamente tu

cuerpo envía oxígeno e información al cerebro para calmarse y relajarse. Como ejemplo te puedo contar sobre el momento del parto; durante este complicado y precioso instante es la respiración de la madre que logra maravillosamente controlar el dolor, relajar la mente y los músculos para que todo fluya de forma ideal.

- Mantener la postura de la Mujer Maravilla, es decir, postura expansiva. Esta eleva los niveles de testosterona, iguales en hombres y mujeres, necesarios para aumentar la sensación de control sobre la situación y roles de liderazgo. Mientras que las personas que tienen posturas retraídas presentan bajos niveles de testosterona y altos niveles de cortisol (hormona del estrés). Por eso te invito a cuidar la postura.

Si quieres profundizar en este tema, te recomiendo la lectura de *El poder de la presencia: Autoestima, seguridad, el poder personal: utiliza el lenguaje del cuerpo para afrontar las situaciones más estresantes* (2016) de Amy Cuddy.

- Muévete más. Como te dije anteriormente, inscríbete en un gimnasio o realiza un deporte, toma clases de danza, zumba, salsa o conduce una bicicleta. La idea es que incorpores actividades que te ayuden a estar en movimiento.

- Involucra a tu familia en las tareas domésticas, pensando que ellas son una oportunidad de movimiento, de trabajar en equipo. Estas pueden ser: regar las plantas, lavar los platos, sembrar un arbusto, hacer un TikTok, caminar en el parque y otras más que les gusten hacer en grupo.
- Hidrátate. Recuerda lo que siempre nos han dicho, ocho (8) vasos de agua como mínimo. Te doy un dato, solo para que los intestinos realicen su función básica necesitan el equivalente a un litro de agua, entonces, ayúdales. Hidrata tu cuerpo para que funcione bien.
- Duerme. Es tan necesario como alimentarse de forma saludable o hacer ejercicio físico de forma habitual. Es una función biológica esencial para nuestro organismo; además, debemos tener en cuenta que pasamos un tercio de nuestra vida durmiendo. Si dormimos las horas suficientes y el sueño ha sido reparador, los beneficios para nuestra salud son innumerables. Ahora bien, si no dormimos, es muy probable que experimentemos fatiga, estrés y mal humor.

- Medita. No hay una edad para empezar a meditar ni un tipo de condición física requerida. La meditación tiene muchos aspectos positivos y suministra beneficios terapéuticos que se observan no solo en el plano mental, sino a nivel: físico, emocional, e incluso, espiritual. Nos ayuda a bajar la presión del día a día, nos hace físicamente más flexibles y controla los niveles de estrés.
- Haz una dieta equilibrada.
- Evita la luz azul. Esta puede llegar a causar insomnio y afectar tu visión, también puede perturbar la piel de tu rostro opacándola y llegando a resecarla. Así que toma un poco de distancia de la pantalla de tu computador, *tablet* y teléfono celular.
- Camina descalzo sobre la hierba, tierra o arena (conocido como *grounding*). Entra en contacto con la energía de la tierra a través de tus pies.
- Cuida la salud física y mental, haz altos en la vida digital, oblígate a un *detox* de vez en cuando, no puedes dejarlo a la suerte.

Uno de los aspectos más importantes de la inteligencia emocional es cambiar los hábitos y gestionar las emociones, empezar algo nuevo, trabajar en tu cuerpo, en tu negocio. Construir relaciones requiere demasiado enfoque y energía al principio, pero cuando arrancas es imprescindible tener claro lo que quieres, el por qué lo quieres y un plan de ataque.

A continuación, te presento un ejercicio para crear hábitos saludables. La idea es empezar poco a poco, efectuar cambios graduales de manera consistente, haciendo algo nuevo todos los días; te servirá poner recordatorios en lugares estratégicos de la casa o la oficina, encontrar una motivación, organizarte, celebrar tus logros, tener paciencia y disciplina a fin de que te ayuden a mantenerte enfocado. Rodéate de personas que tengan las motivaciones y metas parecidas a las tuyas. Prepárate para fallar, porque el camino al éxito no es en línea recta, lo importante es no renunciar.

Todo lo que logres o intentes será conforme a lo que piensas, por eso cambiar tus hábitos modifica la forma en la que piensas y, por consiguiente, te traerá nuevos resultados. Al variar lo que pensamos, transformamos lo que sentimos, esto llevado a la acción genera nuevos resultados. No le dejemos todo a la motivación, la disciplina nos da la libertad para alcanzar nuestro plan.

Si te preguntas cómo controlar las emociones, te daré unos *tips*: respira por un minuto, inhala profundamente por cuatro segundos, sostén el aire en tus pulmones y exhala por la boca durante tres segundos. Esto te relajará y, al cabo de diez segundos, estarás en calma y con tus emociones en control.

Tengo una historia que compartir contigo al respecto del control de las emociones, mi mamá fue sujeto de un trasplante de células madre hace cuatro años; para nosotras fue una noticia impactante. Durante ese momento lo más impresionante no fue el diagnóstico, sino la actitud con la que ella enfrentó la situación, con positivismo, con la mejor disposición, con fe en su proceso, en la doctora, en la medicina y en Dios. Como paciente colaboró muchísimo.

Ella se vestía, se arreglaba, se ponía su perfume favorito, se maquillaba, buscaba su mejor combinación de ropa y asistía puntual a sus citas médicas; siempre enfrentó la situación con mucha fortaleza, se dio la oportunidad de sobrellevar la enfermedad y esto le ha dado a su día a día otro sentido. Vivir, con cabello, sin cabello, con dolor o sin él, pero seguir viviendo.

Mi mamá siempre vio la enfermedad como una oportunidad de hacer las cosas de otra manera, y por eso con tan solo verla te daban ganas de vivir la vida. Sus emociones estaban bajo control, gracias a que se mantuvo enfocada en vivir, ese era su objetivo, sanarse, poder levantarse de la cama para retomar su vida, su profesión, estar con su familia, ver a sus amigas, salir a tomar café, viajar y, por supuesto, seguir al lado de nosotras. Nunca la oí renegando ni lamentándose, siempre utilizó su tiempo inteligentemente. Hasta para curarnos necesitamos tener inteligencia emocional.

Luego de este episodio de la vida de mi madre, me quedó un aprendizaje, no solo para mí, sino para el resto de las personas: cambia de enfoque. La reevaluación de los pensamientos convierte aquello en lo que se cree en una nueva oportunidad de salir adelante. Encontrar un motivo bien grande para cambiar la tragedia en experiencia de vida hace que entiendas que valentía no es lo que dices, es lo que sobrepasas...

Haciendo suya la frase:

«LO IMPORTANTE NO ES CUÁNTO SE VIVA, SINO CÓMO SE VIVA».

Enfrentar los miedos

En el proceso de cambiar de paradigma se presentarán muchísimos obstáculos: vulnerabilidad, miedos, frustración, culpas, críticas. Muchos vamos a coincidir con que todos hemos fracasado, no obstante, la importancia está en el enfoque que le des a tus objetivos. Tener miedo es natural, aun así, hay que tomar decisiones. No puedes cambiar cosas en tu vida si no las reconoces, el único que te limita eres tú, ser perfeccionista no es acertado, eso detiene los procesos, lo perfecto es enemigo de lo bueno. He visto a la gente empezar cosas sin estar preparado, pero no importa, porque lo estarán cuando hagan lo que tienen que hacer.

Vivimos los miedos como si fuesen una realidad, cuando la verdad muchas veces no existen. El miedo va más allá de lo físico, debemos cuidarnos de esclavizarnos con la opinión de los demás, pensamos mucho, nos hacemos juicios y estamos llenos de prejuicios; estas cosas dañan la salud, generan angustia. Es necesario darnos un tiempo y analizar. El fracaso y el intento se aceptan como fórmula para el éxito.

En esta vida hay que tener coraje para entender que todos somos seres imperfectos y son precisamente esas fallas las que nos hacen únicos. Siempre me he dejado llevar por lo que quiero y eso también me ha hecho fallar, pero gracias a todos los errores cometidos, soy quien soy el día de hoy. Te digo esto ya que justo ahora tienes la oportunidad de rehacerte y no permitir que dudas y el miedo a fallar te limiten en lo quieres hacer. Tendrás pruebas y vivirás experiencias que te transformarán. Está bien no ser igual a todos y tener metas distintas. La vulnerabilidad no es una debilidad, atrévete a compartir tu historia con quien necesite oírla. La fragilidad es difícil de aceptar, pero imagínate llegar al final de la vida y saber que no intentaste nada, que nunca te atreviste.

No he sido muy buena con la tecnología, esto siempre ha sido un reto para mí; en lo personal pienso que todos los seres humanos tenemos nuestros retos, aun así, creo bastante en la persistencia y en la disciplina, todo aquello en lo que pones tu pasión termina por dar resultados, por eso te he contado parte de mi historia, para que veas cómo la mente es igual que un jardín de donde pueden florecer nuevos y distintos frutos, siempre que tengas la paciencia, pasión y constancia necesaria. Ahora, antes de meterle nueva información a la mente debemos: abonar la tierra.

Siempre he sentido una fuerza interna que me impulsa a cumplir mis deseos, a hacer realidad las ideas que me parecen buenas y que pasan por mi mente a la velocidad de la luz. De cierto modo todos hemos luchado con algo, sin embargo, créeme todos estamos en constante cambio. La vida es una locura, aunque si te sales de la caja se torna mucho más divertida.

No tuve hermanos así que jugaba sola, gracias a eso aprendí a conectar con las personas, aliados y equipos, con la gente a mi alrededor; como sé que pasarlo sola es aburrido, desarrollé la capacidad, de estar conmigo misma y conocerme. Para conocerte mejor una gran ayuda es viajar, pues te llena de fortalezas y te empodera, es algo que te recomiendo. Como consejo, no te pases de los límites, conoce la cultura a la que estás visitando, pregúntate cómo vive de verdad la gente de esa ciudad, sal de lo que venden a los turistas y de tu zona de confort, ponerte incómodo es lo que te hace crecer. Nunca olvides que lo bueno de la vida comienza una vez te liberas de las ataduras. Una de las mejores lecciones que he recibido a lo largo de los años es que hay que ponerse cómodo estando incómodo.

En pro de satisfacer mi deseo de libertad, estudié sin parar, me capacité, realicé inversiones, he tenido éxitos y fracasos. La experiencia obtenida no tiene nada que ver con el exterior, pero sí con lo que emana mi espíritu, mi fuerza interior, la relación que tengo conmigo misma y por supuesto, mi autoconocimiento y autoestima.

La autoestima es la confianza para enfrentarnos a los desafíos más elementales de la vida, sobre ella cimentamos nuestro derecho a alcanzar metas, ser felices, afirmar nuestras necesidades y carencias, al igual que el sentimiento de ser respetables y dignos, de alcanzar nuestros principios morales y gozar del fruto de nuestros esfuerzos. Por otro lado, existen personas que sienten que no son suficientes, que les hacen falta muchos conocimientos o mejorar mucho más su físico.

¿Es tu imagen personal una herramienta?

Cada persona como profesional tiene su propia imagen, esa es su carta de presentación, por lo que debe cuidarse y tratarse como una herramienta más para el éxito profesional. La imagen que un individuo proyecta hacia otros tiene dos aspectos relevantes: uno comunicativo y otro perceptivo. Es imposible que al comunicarnos no enviemos información a través del cuerpo y los gestos.

Es necesario aprender a gestionar una imagen integral para que te perciban como quieres. Esta imagen ayudará a proyectar y transmitir cualidades como confiabilidad, seguridad y creatividad. La imagen personal va más allá de la belleza y estética, el estilo personal es la esencia e identidad de cada quien, es personal e intransferible. Los estudiosos del área del lenguaje y la comunicación indican que 93 % de la comunicación es no verbal y solo el restante 7 % es, en efecto, verbal[3].

Tu imagen es tu carta de presentación

La forma de vestir es una de las piezas que conforman la carta de presentación y una de las más determinantes a la hora de triunfar. Sin embargo, no tiene sentido usar el vestuario más exclusivo o costoso si la actitud de quien lo lleva no proyecta liderazgo, personalidad, elegancia, ni actitud. Por otro lado, el tono de voz, la entonación y la inflexión son determinantes en el conjunto general de la imagen que queremos proyectar. Si nos falta seguridad a la hora de comunicarnos efectivamente, nuestro mensaje no llegará con fuerza y energía, o de manera correcta.

No existe separación entre mente y cuerpo, tu mente es tu cuerpo y se cuida de manera integral. Por eso nos toca tomar control de nuestra vida y salud, así como hacer lo mejor con lo que tenemos; actividad física, dieta equilibrada, ejercicios mentales para utilizar partes de tu cerebro. Te recomiendo hacerte revisiones médicas

---

3 Vilar, C. (2020, 14 de febrero). ¿Qué es la imagen personal?. [Blog post]. Consol Vilar. Recuperado de https://consolvilar.com/que-es-la-imagen-personal-2/

anuales, ir al dentista, realizarte exámenes sanguíneos. Chequéate. El cuerpo es el vehículo para lograr nuestras metas, si no nos encontramos bien de salud, esto influirá en la calidad de nuestros pensamientos y por lo tanto, impactará negativamente en nuestro cuerpo. Rodéate de gente positiva, esto hace que tus neuronas se sumerjan en un estado emocional positivo.

Te digo, no puedes cuidar a los demás si no te cuidas a ti mismo. En los aviones, las aeromozas nos recomiendan ponernos primero las mascarillas a nosotros mismos y luego ayudar a los demás. Así funciona todo.

Cuando uno va a terapia o habla con un profesional, por lo general nos indican algunos ejercicios para mejorar ciertos aspectos de nuestro ser. Estos no tienen que ser extremos (la intensidad es tu elección), lo que sí tienen que ser es hacer la función de convencer a tu mente para que te puedas poner metas que poco a poco puedas ir cumpliendo. En lo personal, yo funciono mejor con acompañamiento.

Te recomiendo en este periodo de búsqueda del equilibrio:

- Respirar aire fresco.
- Desconectarte por ratos.
- Tomar agua.

- Mejorar tu alimentación, hacer un menú de alimentos balanceados.
- Moverte, camina, monta bicicleta.
- Cuidar tus pensamientos.
- Guardar silencio un rato.
- Visualizar.
- Empezar el día con agradecimientos.
- Unirte a un grupo o acércate a alguien que haya logrado lo que tú quieres para ti, eso es inmersión, 80 % psicología y 20 % técnica.
- Crear tu propio estilo, si ya lo tienes lúcelo. La moda es una expresión de quien eres; es como ir cambiando de sombreros hasta encontrar el que más se adapta a ti. No olvides transmitir seguridad con tu personalidad, ayuda muchísimo.

La mentalidad positiva se trabaja diariamente, por eso cada día tenemos la oportunidad de crear cambios duraderos y beneficiosos para nosotros. Con la cantidad de nuevas neuronas que nacen a diario en nuestro cerebro, podemos ir eliminando los pensamientos negativos; si dejas que estos ganen, el glutamato y el cortisol entran al tejido cerebral y matan neuronas.

Es una lucha por mantenerse vibrando en positivo. Vive al máximo, proponte metas, no eres el mismo de ayer; usualmente al final de la vida, la gente se arrepiente de lo que no ha hecho. No seas tú uno de ellos. Construye oportunidades, regálate salud, que de ahí es de donde proviene la energía.

DESBLOQUEANDO TU POTENCIAL EN LA ERA DIGITAL

4

El poder del *networking*

Todo lo que has experimentado hasta ahora ha sido la antesala de una nueva era de oportunidades. Los capítulos pasados te han preparado para involucrarte y aprovechar al máximo este emocionante nuevo panorama. ¿Estás listo para liderar el camino hacia el futuro? Aprender a relacionarse *offline* y *online* te permite crear buenas relaciones con las personas. Busca cómo puedes ayudarles con lo que sabes, creando contenido en las redes sociales o haciendo cursos; asiste a eventos y relaciónate con los demás; establece conexiones y alianzas para crecer, en solitario o en equipo.

Las relaciones son fundamentales en la construcción de tu marca personal. Establece conexiones genuinas y significativas con otros profesionales de tu industria, colabora en proyectos conjuntos, participa en eventos y busca oportunidades, pon tu experiencia al servicio de la gente, aprende a hacer *networking*.

Tu vida y carrera están determinadas por como uses tus habilidades para relacionarte, siempre me preguntan que cómo aprendí a socializar, te voy a decir la verdad: me encantan las fiestas, compartir con personas, salir a divertirme. Yo aprendí esto en una etapa de mi vida que califico como un entrenamiento, en el cual, aunque considero que perdí mucho tiempo, al final en vez de quejarme me dije: «Mejor capitalizamos lo aprendido y lo vivido».

En estos tiempos puedes expandirte internacionalmente usando las plataformas digitales y la expansión que te provee la tecnología; tienes un millón de posibilidades para conocer a personas increíbles que forman parte de tu nicho y otras que te inspiran, que como tú están dispuestas a apoyar a otros, es simple, de eso se trata colaborar y relacionarse.

Tu marca debes ser tú:

- Asiste a eventos.
- Crea una estrategia para conectar.
- Construye *rapport*.
- Conecta desde las emociones, no como un intercambio; sé auténtico.
- Agrega valor a las personas.

La gente está más allá de un evento o de una red social, así que emociona a la gente para conectar. Todo al principio será incómodo; lo más importante es aprender a escuchar a tus seguidores, con lo que aprenderás a expandir tu círculo. No se trata de ti, sino de cómo puedes apoyar a los demás.

Presencia digital

Hace poco en una caminata en la ciudad de Guadalajara, México, íbamos observando y disfrutando de las obras de algunos artistas plásticos; tuve la oportunidad de conversar con uno de los escultores sobre su obra, le pregunté: «¿Cómo te inspiras para lograr esta belleza de obra?». Él me contestó: «Yo la inicio con una idea preconcebida, pero al transcurrir el tiempo y el trabajo ella misma me va indicando qué agregar, qué incorporar, así va tomando la forma». Igual que una obra de arte, funciona el mundo digital.

La marca personal no es un concepto nuevo, realmente nace en el año 1997, cuando Tom Peters, escritor estadounidense y especialista en gestión empresarial, publica un artículo en *Fast Company* llamado «The Brand Called You»; aquí el autor presentó los primeros supuestos teóricos del concepto, dejando clara la importancia de crear una estrategia para imprimir una huella en las personas con su famosa frase: «Debemos ser los CEO de nuestra propia empresa, ya que nadie hablará mejor de tu producto o experiencia que tú mismo[4]». Es así de

4 Kumra, G., Sengupta, J., & Sridhar, M. (2024, febrero 13). Excelencia del CEO: ¿Cómo evalúan los líderes su propio desempeño?. McKinsey & Company. Recuperado de https://www.mckinsey.com/featured-insights/destacados/excelencia-del-ceo-como-evaluan-los-lideres-su-propio-desempeno/es

simple: tú eres una marca y estás a cargo de ella. No hay un único camino hacia el éxito. Y no hay una sola manera correcta para crear tu marca. Excepto esta: empieza ya mismo, cree en ti y en lo que podrás construir.

Cada quien tiene un producto o servicio con el cual planea cumplir sus metas, entonces te recuerdo que en este libro te doy herramientas y reflexiones que te ayudan a tomar el mundo digital para construir tu nueva realidad. Solo ten presente que la marca personal necesita del mundo digital para que tú hagas con él lo que necesites. Una marca no se logra si no tienes confianza en ti mismo. En la actualidad todo el tema del mundo digital se aceleró 10 años después de la pandemia.

Mi historia con el *marketing* digital empezó con una primera tienda de ropa, allí me inicié en todo el tema de aprender a vender en línea, me apasionaba la idea de poder llegar a personas sin que fuera necesario que se trasladaran hasta un local comercial, el poder vender a cualquier hora, sin estar inmóvil en un solo lugar. Como les dije antes, amo la libertad, por lo que no me sentía tan tranquila siendo dueña de un negocio físico, así que estaba en busca de algo que pudiera hacer, en lo que mi presencia no fuera una condición para que funcionara.

Con el paso del tiempo entendí que ese negocio era mejor probarlo primero digitalmente; aunque en ese tiempo las ventas en línea y las redes sociales estaban iniciando y no se usaban para vender. Tradicionalmente, se abría un negocio, se le decoraba bien bonito y se surtía de mercadería. En mi caso, no había hecho el estudio de mercadeo, ni del punto o lugar donde lo abriría (geolocalización)y mucho menos del público a quien le iba a vender (público meta, avatar), de modo que para lograr el éxito en esas condiciones era necesario un milagro. Mi idea final era lograr establecerlo y que funcionara.

En el momento en el que abrí la tienda no existían estas posibilidades de expansión internacional. En el tiempo que el negocio permaneció abierto tenía en contra que no estaba tan desarrollada la idea ni los canales para el comercio *online*. Sin embargo, siempre quise prepararme para dar lo mejor de mí, sabía que necesitaba conocer más sobre esos temas porque el cambio estaba muy cerca; lo que no sabía era cuán rápido cambiarían las cosas para todo el mundo.

En esos días de búsqueda visitó Costa Rica un *coach* de las neuroventas y marca personal, no dudé en inscribirme en ese entrenamiento, era lo que sentía que me faltaba para desarrollar mi idea de negocio. En ese entrenamiento se integraban: el *marketing*, comportamiento humano, cómo venderle emociones a la gente y este montón de conceptos que me apasionaron desde antes; sabía que tenía razón en lo que pensaba, que había una nueva forma de hacer negocios y de diversificarlos. Desde ahí empezó mi camino de vender digitalmente y asesorar personas en ese ámbito.

Tal como un escultor, el camino que tomé me fue indicando hacia dónde debía ir, los avances que iban apareciendo me regalaban nuevas formas de hacer las cosas con menos problemas y más alcance para mis objetivos. Lo que había conocido en la vida real con mi negocio, esos errores y lo que empecé a hacer para superarlos era lo que la gente estaba deseosa de poner en práctica con sus emprendimientos y en sus vidas. Poco a poco fui dándome a conocer a través de mis experiencias, las personas me escuchaban cuando hablaba sobre lo que a mí me había funcionado en su momento. Por ello, me pedían que les explicara de lo que se trataba, cómo resolver y evitar errores. Fue ahí donde me di cuenta, al estudiar *marketing*, neuroventas, conducta humana, negocios, que podía vender lo que quisiera y la gente compraría, porque no es lo que vendes, es a quién le compras, el valor superior que te aporta con su experiencia.

A un negocio antes del 2020 se le conocía por el nombre: por ejemplo, la tienda que tuve se llamaba «MB Somos», aun así la gente la recordaba como «La tienda de Melisa». A mí me encantaba destacar, me interesaba que la tienda llamara la atención, mi modelo de negocio se enfocó en que el local se viera bien, y por eso se gastó más dinero buscando lo físico; aunque si hubiera invertido la mitad de ese dinero en asesoría, me hubiera ahorrado errores, tiempo y recursos. Cerré la primera tienda, cambié el local, pero seguí cometiendo los mismos errores.

Decidí cerrar definitivamente, era muy demandante estar ahí todos los días, siempre quise hacer otras cosas, sentía que la vida estaba ocurriendo mientras yo estaba encerrada en esa tienda. Cerré las puertas y perdí muchísimo dinero. Me di una pausa para dar el siguiente paso, unos meses antes de la pandemia; los que observaron cómo fui transformado mis ideas empezaron a preguntarme qué era lo que estaba estudiando, qué estaba haciendo con mis negocios. No me gustan las etiquetas, sin embargo, al pasar el tiempo nos vamos convirtiendo en marcas o referentes con lo que hacemos. Vamos generando confianza en la gente, por eso debes saber reconocer tus fortalezas, valorar tus experiencias y cómo las capitalizas; eso es lo que te va a hacer único.

Me siento orgullosa de decir que en ninguna de las diferentes etapas de mi vida tuve tanta pasión por algo como ahora, encontré algo que amo hacer: ayudo a las personas, me reto, pongo a prueba mis habilidades, además, esto me permite ser yo. Hace más de una década estoy escuchando acerca del término «sé tú mismo» y hoy más que nunca tengo claro que esa frase es el éxito de esta era, estamos cansados de estar todos uniformados tratando de encajar. Así que sé tú mismo.

Actualmente, después de la pandemia, el mundo digital ha crecido y acelerado su expansión, los negocios en línea han sufrido un crecimiento impactante, son un nuevo escenario, una nueva realidad, cambios del modelo de consumo, de hábitos de compra. La adopción del modelo digital en todos los aspectos de la vida ha ayudado a la apertura de las carreras digitales de todos nosotros.

Una de las cosas más importantes que aprendí de esta transformación fue que las necesidades de la gente son primordiales, no se trata de mí ni de lo que a mí me gusta, esto va de lo que la gente necesita y lo que tú estás dispuesto a compartir con ellos. En las oportunidades que tuve de entrenarme, conocí mentores y personas que se encargaron con sus conocimientos de ayudarme a cambiar mi óptica; entre ellos quiero hacer una mención muy especial a Javier Jaimes, un venezolano radicado en Miami desde hace varios años, conocido en las redes sociales como @javieralaex, a quien considero mi mentor, durante varios meses me entrené con él y ahora juntos hemos trabajado en la construcción de varias marcas personales.

Juntos también consolidamos mi marca y con ella un método, para ayudar a construir las marcas de otros desde mi perspectiva y experiencia. No puedo hablar de una marca sin ser una. Estoy creando desde cero muchas cosas nuevas con Javier, cuyos detalles se están ajustando. Él me ha enseñado cosas muy importantes como el pivoteo que, en el *marketing*, como en el baloncesto, es un cambio de dirección en el momento que el juego lo amerite, sin que se vea afectado el mismo. Esto vino como anillo al dedo, porque yo siempre quería tener controlado todo, y el pivoteo me ha dado la confianza de cambiar la estrategia cuando, sobre la marcha, lo planteado no da resultados. Así que no temas al dar un cambio de plan, solo observa y ten confianza. Plantéate ser el *rockstar* de tu nicho, no importa a lo que te dediques, apóyate en mentores y en la tecnología para estar un paso más cerca de tus metas.

Muchas veces creemos que todo esto de las redes sociales es un territorio exclusivo para influenciadores o para cierto grupo de personas, pero estamos en un momento de la vida en el que la gente ya no está tan solo pendiente de tu currículum, le importa cómo tú desarrollas las habilidades con las herramientas que tienes, yendo más allá de monetizar tu presencia *online*; ahí está la gran oportunidad en un mundo digital que requiere velocidad. En la actualidad la gente está con temas de inteligencia artificial con computadoras cuánticas y realidad aumentada, solo imagínate cómo está el mundo de evolucionado. Hace 10 años no había oportunidad para informarse, la información era exclusiva para algunos, ahora está disponible ahí para todos.

Piensa en la vida como un videojuego, tu objetivo número uno es subir de nivel y completar un jugador con las mejores herramientas posibles. Aventúrate en el mundo digital y deja de ser un espectador, aprovecha esta herramienta que está a tu disposición y gratis.

¿Cómo encontrar tu propósito de vida?

Para esta labor puedes a hacer tu *ikigai,* un excelente esquema para dar sentido de la vida, extraído de la filosofía japonesa. En esta cultura, una de las principales necesidades y a la vez una de las principales claves para alcanzar la felicidad (esto no implica ni es sinónimo de la felicidad) es hallar la razón de ser. Es la respuesta a la pregunta: ¿qué estamos haciendo?, o lo que creemos que venimos a hacer a este mundo. El *ikigai* se vincula a la autorrealización y es algo espontáneo, que hace que nuestros actos no sean vividos como situaciones impuestas por la sociedad o el mundo, sino que responden a nuestros gustos y nos llenan de satisfacción. Piensa en las actividades que te apasionan y que disfrutas hacer. Considera cuáles te hacen sentir vivo, emocionado y satisfecho. Estas pasiones pueden ser cualquier cosa, desde *hobbies*, talentos o intereses específicos. Acá te comparto el diagrama del *ikigai*.

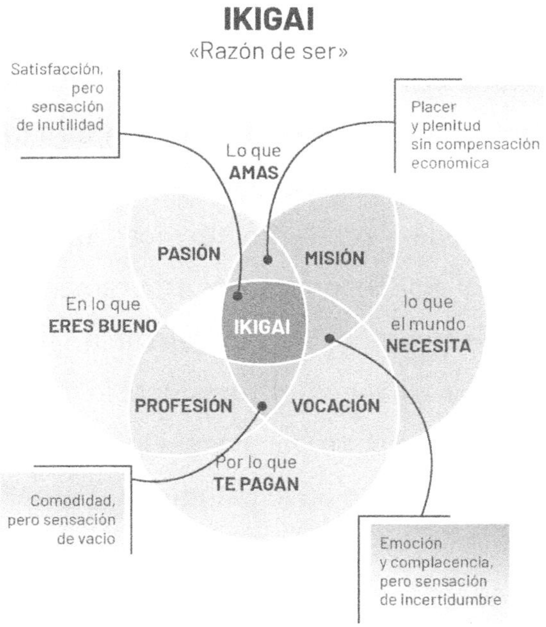

Fuente: Meléndez, D. (2022[5])

---

5 Meléndez, D. (2022, agosto 22). Marca personal: ¿Qué es y cómo gestionarla?. Signos Comunicación Visual. Recuperado de https://signoscv.com/marca-personal/

Como ejercicio haz una lista de tus habilidades y fortalezas.

Piensa en lo que se te da bien hacer y en las habilidades que has desarrollado a lo largo de tu vida. Estas habilidades pueden ser tanto técnicas (por ejemplo: habilidades en diseño gráfico o programación) como habilidades interpersonales (por ejemplo: habilidades de comunicación o liderazgo). Considera lo que el mundo necesita: reflexiona sobre las necesidades y problemas que ves en tu entorno o en el mundo en general. Piensa en cómo podrías contribuir o hacer una diferencia en esas áreas. Considera qué habilidades o conocimientos únicos podrías utilizar para abordar esas necesidades.

Busca lo que puedes ser recompensado: piensa en cómo podrías convertir tus pasiones y habilidades en una fuente de sustento o reconocimiento. Considera qué tipo de trabajo o actividad te gustaría hacer y cómo podrías encontrar una forma de ser recompensado por ello, ya sea financieramente o a través de reconocimiento y satisfacción personal.

Encuentra el punto coincidente: una vez que hayas reflexionado sobre tus pasiones, habilidades, necesidades del mundo y recompensas que quieres obtener, busca patrones y áreas de intersección entre estos elementos. Busca actividades o proyectos que combinen tus pasiones y habilidades, que sean valiosos para el mundo, que te brinden satisfacción y recompensa.

Recuerda que descubrir tu *ikigai* es un proceso personal y que puede llevar tiempo. Es importante escuchar tu intuición, seguir tus propias pasiones y valores. También puedes buscar la orientación de mentores, *coaches* o profesionales que puedan ayudarte en tu proceso de autodescubrimiento. Prepara una hoja de papel o abre un documento en tu computadora para tomar notas.

En esta vida no eres lo que logras, sino en lo que te conviertes. No es el proceso, es el resultado. Te recomiendo leer biografías de personas que han logrado sus grandes metas y nos han dejado grandes aportes; pueden ser sobre actores, genios pensadores o científicos, todos te dirán cosas muy parecidas y en la gran mayoría coinciden en que unas de las claves de todos los procesos es la paciencia. Una marca no se construye de un día para otro. Nada de lo que escriba en este libro es una fórmula mágica, por eso hay tanto charlatán vendiendo humo. El secreto de esto es tener disciplina y mentalidad ganadora a largo plazo, nada más.

¿Cuánto tiempo pasas revisando el teléfono?, ¿sabías que las personas que miras ganan dinero mientras otros como tú solo están viendo?, estás pagando con tu tiempo. ¿Sabías que el promedio del tiempo que una persona pasa viendo redes sociales es de 12 horas al día? No se trata de las fotos y de subir todo lo que hago en un día para que los otros vean. Las redes sociales tratan de ayudar a los demás. Una marca personal consiste en que cuando las personas piensen en ti te relacionen inmediatamente con la solución a alguno de sus problemas; te puede ayudar buscar una alianza e innumerables posibilidades. Estoy segura de que conoces a personas que están arrasando en redes sociales con sus marcas e increíbles logros, su estilo cautivador y sus oportunidades aparentemente ilimitadas. Quizás te preguntes cómo llegaron allí y si fue por suerte, magia o instinto natural. La gente va a querer aprender de ellos y de cómo lo lograron.

¿Recuerdan que en el primer capítulo de este libro les hablaba de una niña que amaba enseñar, pero no le gustaban los horarios? Bueno, pues déjame decirte algo:

la vida se convierte en lo que uno desea, para lo que se enfoca, en donde pone el corazón. Amo enseñar y estas nuevas plataformas me regalan una manera innovadora de acércame a los que necesitan de mis conocimientos.

El *e-learning*, o aprendizaje electrónico, es un método que me ha permitido una renovación y mejora constante. Los materiales se actualizan rápidamente y nos permite estar al día con las nuevas tendencias, brindando a los participantes información relevante. Si bien tiene muchas ventajas, también presenta desafíos, como la necesidad de una buena conexión a Internet y habilidades digitales básicas. Sin embargo, se espera que el *e-learning* continúe creciendo y transformando la educación, brindando oportunidades de aprendizaje más accesibles, flexibles y personalizadas para las personas en todo el mundo. Así que conéctate a estas plataformas de aprendizaje, incursiona en la creación de cursos o tutoriales.

Estas plataformas de aprendizaje han experimentado un crecimiento significativo en los últimos años debido a los avances tecnológicos y a la necesidad de contar con opciones de educación flexible y accesible. Algunas de las opciones más comunes de *e-learning* incluyen cursos en línea, programas de capacitación virtual, *webinars,* las cuales tienen el potencial de cambiar la educación de varias maneras, pues les permite a las personas acceder a la educación sin importar su posición geográfica. Esto es especialmente beneficioso para aquellos que viven en áreas remotas y no tienen acceso a instituciones educativas tradicionales.

El *e-learning* ofrece la posibilidad de estudiar a tu propio ritmo y en tu horario. Los estudiantes pueden acceder al contenido en cualquier momento y desde cualquier lugar, lo que les permite adaptar la educación a sus necesidades y responsabilidades personales o profesionales. Esto promueve un aprendizaje más dinámico y estimulante en comparación con los métodos tradicionales de enseñanza.

Hoy por hoy enseño a sacarle provecho al máximo a las oportunidades que trae la era digital, como te dije, siempre soñé con hacerlo, y por eso te recomiendo que si esta es tu pasión no te frustres, enfócate. Mis grandes miedos son desmotivarme o rendirme, porque tengo presente las estadísticas de la gente que se rinde muy cerca de alcanzar lo que se había propuesto. El ser humano actúa por dolor o placer, entonces, a las metas les damos la narrativa que más nos convenga.

Pero por qué no tomamos acción, puede que nos ataque por sorpresa el síndrome del impostor: una sensación de inseguridad relacionada con los logros y habilidades laborales que todos en un momento hemos sentido. Puede que te sientas como un farsante puesto que no crees merecer tu trabajo. A menudo este síndrome te hace sentir como si estuvieras engañando a tus compañeros de trabajo para que piensen que eres bueno en lo que haces, y tienes la percepción de ti mismo como si fueras un fraude. Todas las personas experimentan el síndrome del impostor en algún punto en sus carreras; adicionalmente, parece ser más frecuente entre mujeres. Si alguna vez sentiste que no pertenecías en un lugar de trabajo o que no merecías tu empleo, debes saber que no eres la única a quien le ha pasado. Entonces, no te dejes atrapar por este síndrome y empieza a tomar acción, ponte a crear tu marca.

Cómo crear tu marca personal

Las cosas han cambiado y esto no es cuestión de elección, es una obligación. Los grandes empresarios lo han ido comprendiendo, si tienen un negocio hay que darle una cara. Aunque si creciste sin ver este tipo de comportamiento, puedo entender que se te haga complicado, así que es probable que te preguntes ¿qué beneficios nos aportan las redes sociales para nuestra marca personal?

Siempre me gusta decir que las redes sociales son el canal perfecto para comunicar y potenciar nuestra marca personal; personalmente he experimentado el crecimiento de mi propia marca. Las redes sociales son un canal único que nos permite maravillas como:

- Conectar con miles de personas de todo el mundo, creando una comunidad infinita en torno a nuestra marca, son espacios para hacer *networking* impresionante.
- Son gratuitas, por lo que tan solo tenemos que dedicarles tiempo que, bien invertido, te saldrá muy rentable.
- Son el canal ideal para contar nuestra historia, conectando de manera genuina con las personas.

Pasos para crear una marca personal

Una marca personal es la imagen, reputación y percepción que una persona proyecta en el ámbito profesional y personal. Es cómo te presentas y te diferencias de los demás con base en tus habilidades, conocimientos, valores y personalidad. Para que funcionen también hace falta una alta interacción con el público.

Podemos ofrecer a través de ellas nuestros productos o servicios, ayudando a que nuestros clientes nos encuentren (visibilidad). Nos permiten trabajar nuestro sello en el mundo digital, gracias, por ejemplo, a la prueba social (testimonios). Hará que nuestra marca se humanice y sea más cercana, accesible y personal. Y con una buena planificación, no nos llevará demasiado tiempo.

Para crear una marca personal, considera lo siguiente:

- Conócete: identifica tus fortalezas, habilidades, valores y pasiones. Reflexiona sobre quién eres, qué te gusta hacer y qué te hace único.
- Define tu objetivo: dentro de los objetivos puedes encontrar el objetivo profesional y el personal. ¿Qué quieres lograr? ¿Cuál es tu propósito? Esto te ayudará a establecer una dirección clara.
- Identidad visual: crea una identidad visual coherente que te represente. Diseña un logotipo, elige colores y tipografías que reflejen tu personalidad, utilízalos en tus perfiles en redes sociales, tarjetas de presentación y otros materiales.
- Crea contenido relevante: comparte contenido de valor en tus redes sociales, blog o plataforma que usarás. Esto ayudará a establecerte como un experto en tu campo y a construir tu reputación. Enfócate en mostrar tu verdadero yo, destaca tus fortalezas y habilidades únicas.

Es fundamental para mantener una marca personal sólida y que permanezca en el tiempo cumplir con estos requerimientos básicos:

- Ser coherente: asegúrate de que tu imagen *online* y *offline* reflejen tu marca personal. Mantén una coherencia en tu contenido,que no es más que un mapa de ruta a seguir, para organizar el tipo de material a crear, con los guiones o *copies* para cada una de las publicaciones. Puede ayudarte a establecer una presencia sólida en línea y atraer a potenciales clientes.

En la práctica utilizo algunos pasos para crear un plan de contenidos efectivo:

o Antes de comenzar, establece tus objetivos para las redes sociales. Pueden incluir aumentar la visibilidad de tu marca, generar *leads*, educar a tu audiencia, informar.

o Comprende a quién te diriges y qué tipo de contenido les resultaría valioso. Considera sus necesidades, intereses y preguntas frecuentes. Las consultas al DM son una fuente de contenidos de interés para tu comunidad.

o Estudia en cuál red social están tus seguidores, estar en todas las redes no es lo más recomendable, sin embargo, puedes estar en las que sean más relevantes para tu audiencia. En su mayoría estamos hablando de Facebook, Instagram, LinkedIn, X, YouTube, Tiktok o Pinterest.

Cada red social tiene su propia función y propósito, puede ser utilizada de diferentes maneras según los objetivos y la estrategia de cada persona o empresa, te explico un poco la razón de ser de cada una para que te familiarices con ellas y puedas compararlas o integrarlas en tu proyecto.

1. Facebook: es una red social general que permite a las personas conectarse con amigos, familiares y otras personas de intereses similares. Su función es compartir contenido, como fotos, videos, enlaces y actualizaciones de estado, y mantenerse al tanto de las actividades y noticias de otros usuarios o páginas.
2. Instagram: es una plataforma centrada en fotos y videos. Su función principal es compartir contenido visualmente atractivo y expresar creatividad a través de estos formatos. También es utilizado por muchas marcas y creadores de contenido para promocionar productos y servicios.
3. X: es una plataforma de *microblogging* que permite a los usuarios compartir mensajes cortos de

hasta 280 caracteres. Su función principal es compartir noticias, pensamientos, opiniones y enlaces rápidos. X, antes Twiter, es conocido por su naturaleza de tiempo real y su capacidad para generar conversaciones públicas.

4. LinkedIn: red social profesional orientada a la conexión y el *networking* en el ámbito laboral. Su función principal es establecer contactos profesionales, buscar oportunidades laborales, compartir contenido relacionado con la carrera y la industria, y fortalecer la marca personal en el ámbito profesional.
5. YouTube: es una plataforma en la que los usuarios pueden subir, ver y compartir contenido de video. Su función principal es compartir y consumir contenido de video en una amplia gama de temas, como entretenimiento, educación, tutoriales y más. También es utilizado por creadores de contenido para monetizar sus videos y construir una audiencia.
6. Pinterest: es una plataforma de descubrimiento visual que permite a los usuarios encontrar y guardar ideas e inspiración en tableros virtuales. Su función principal es buscar y organizar contenido visual, como imágenes, infografías y

enlaces a artículos o productos relacionados con los intereses de los usuarios.

7. TikTok: es una red social en la que compartimos vídeos de corta duración con efectos, edición, música o filtros. Estos vídeos pueden durar entre 15 y 60 segundos. Esta nueva red social te ofrece la oportunidad de crear una comunidad digital en otra plataforma y con gente nueva. Así como la posibilidad de llegar a un público más joven y proactivo. Es una plataforma más directa que permite a las empresas o marcas personales transmitir cercanía y transparencia hacia los usuarios.

Estas son solo algunas de las redes sociales más populares y sus funciones principales; no te olvides de que hay muchas otras plataformas y aplicaciones que también tienen sus propias características y propósitos únicos. Es importante elegir las que mejor se adapten a tus metas, público objetivo y utilizarlas de manera estratégica para lograr tus fines en línea.

- Haz una lista de temas relacionados con tu nicho. Decide qué tipo de contenido publicarás y en qué formato. Puedes incluir publicaciones de texto, imágenes, videos, historias, infografías, testimonios de clientes; la creación de contenido es lo fundamental, son las soluciones a los problemas de tu audiencia.

- Decide con qué frecuencia publicarás contenido en cada plataforma. Mantén una consistencia en tus publicaciones para conservar la atención de tu audiencia, cada red social tiene políticas diferentes, así que estúdialas.

Si bien tener una marca personal sólida puede ser beneficioso para alcanzar el éxito en el futuro, no es el único factor determinante. Es posible lograr el éxito sin tener una marca personal establecida, solo que puede ser más difícil destacarse y alcanzar ciertos objetivos profesionales.

La experiencia y las habilidades en tu campo profesional son fundamentales para tu éxito. Si tienes un amplio conocimiento, habilidades en tu área de especialización, puedes destacarte y ser reconocido sin necesariamente tener una marca personal establecida. Contar con una red de contactos o relaciones profesionales puede abrir puertas y brindar oportunidades de éxito. Aunque una marca personal ayuda a construir y fortalecer estas relaciones, no es el único factor. Participar en eventos, colaborar con otros profesionales y establecer conexiones significativas también puede contribuir al éxito. Los resultados obtenidos y la calidad de tu trabajo son lo que hablan más alto sobre tu experiencia. Si eres capaz de entregar resultados y superar las expectativas, puedes ganarte la reputación y el reconocimiento sin tener una marca personal.

Si bien una marca personal puede representar una ventaja, no es un requisito para alcanzar el éxito. Sin embargo, es importante considerar que en un entorno cada vez más competitivo y digitalizado, tener una marca personal puede ayudarte a destacar, construir relaciones, generar confianza y abrir puertas hacia el éxito profesional, el cual también puede depender de las oportunidades y circunstancias que se presenten en tu campo. Aunque una marca personal puede ayudar a crear más oportunidades, el éxito a veces suele depender de factores externos como la demanda del mercado, la economía y otros elementos que están fuera de tu control.

Existen varias aplicaciones y herramientas muy beneficiosas para cuando comienzas y no tienes los recursos completos; puedes usar la inteligencia artificial para crear imágenes de redes sociales, incluso puedes crearlas desde tu teléfono. Aquí te menciono algunas opciones populares:

- Canva: es una plataforma de diseño gráfico que ofrece una amplia gama de plantillas y herramientas para crear contenido visual personalizado para redes sociales. Cuenta con funciones de asistencia y recomendaciones basadas en algoritmos que buscan ayudarte a crear diseños atractivos y profesionales.
- Dalle: es una herramienta de diseño que utiliza inteligencia artificial para generar automáticamente diseños atractivos y personalizados para redes sociales. Puedes elegir entre variedad de plantillas y personalizarlas según tus necesidades.
- Chat GPT: una tecnología desarrollada por OpenAI. Esta herramienta utiliza la inteligencia artificial para generar respuestas coherentes y contextuales a partir de las preguntas y afirmaciones de los usuarios.

Estas son solo algunas opciones, existen muchas otras herramientas disponibles en el mercado. Te recomendaría investigar y probar diferentes aplicaciones para encontrar la que mejor se adapte a tus necesidades y preferencias; busca algo que sea funcional para ti y de fácil uso. Recuerda que, aunque estas herramientas utilizan inteligencia artificial para ayudarte en el proceso de diseño, es importante contar con tu sentido creativo y estético para lograr una identidad visual coherente con tu marca personal. Una identidad digital y visual sólida es cada vez más importante en la actualidad y seguirá siendo así en los próximos 10 años por varias razones:

- En un mundo cada vez más digital y competitivo, contar con una identidad digital y visual única te ayuda a diferenciarte de la competencia. Una identidad distintiva y consistente te permite destacar y ser reconocido por tu público objetivo.
- Credibilidad y confianza: una identidad digital profesional y coherente transmite confianza y credibilidad a tus clientes. Una marca con una identidad sólida es percibida como más confiable y estable, generando una mayor conexión y lealtad con la audiencia.
- Visibilidad y reconocimiento: una identidad visual fuerte y una presencia digital bien establecida te ayudan a aumentar tu visibilidad en línea. Cuando tu marca es reconocible y coherente en todos los canales digitales, es más probable que las personas te encuentren y te recuerden.
- Consistencia en la comunicación: una identidad visual y digital bien definida te permite comunicar tus mensajes de manera coherente y efectiva. Esto

es fundamental para construir una imagen de marca sólida que transmita tu propuesta de valor.

- Impacto en la experiencia del cliente: una identidad digital cuidadosamente diseñada puede mejorar la experiencia del cliente. Una interfaz visual atractiva y una navegación intuitiva en tu sitio web o aplicación pueden influir positivamente en la percepción del cliente y su satisfacción.

En la era digital, las plataformas y los canales de comunicación están en constante cambio. Tener una identidad visual te permite adaptarte y mantener una presencia coherente en diferentes entornos digitales, como redes sociales, sitios web, aplicaciones móviles, entre otros.

La digitalización y la tecnología seguirán desempeñando un papel cada vez más importante en los próximos años. Tener una identidad digital y visual sólida desde ahora te prepara para aprovechar las oportunidades y los desafíos que surgirán en el futuro.

En resumen, tener una identidad de marca sólida es esencial para destacar en el entorno digital actual y mantenerse relevante en los próximos años. Una identidad bien definida te ayuda a diferenciarte, generar confianza, aumentar la visibilidad y adaptarte a los cambios digitales que van en constante evolución.

Toda marca responde a ciertas características que la hacen diferente de las demás. Hay varios modelos de arquetipos, como el modelo de Carl Jung, el modelo arquetipos de marca de Carol Pearson. Lee sobre los diferentes arquetipos, estos modelos se apoyan en la construcción de la marca personal para desarrollar la imagen, el carácter, cualidades, características y voz de la marca, es por ello que determinar el arquetipo de tu marca puede ser beneficioso por varias razones:

- Identifica la personalidad de tu marca: los arquetipos son patrones de comportamiento y características que representan los diferentes tipos de personalidad. Al identificar los arquetipos que mejor se conectan con tu marca personal, puedes definir y comunicar de manera más clara la personalidad y el tono de tu marca.
- Conecta emocionalmente con tu audiencia: los arquetipos tienen la capacidad de despertar emociones y generar una conexión más profunda con la audiencia. Al elegir arquetipos que se identifiquen con tu público objetivo, creas una conexión emocional más fuerte y duradera.

- Diferencia y posicionamiento: al analizar tus arquetipos, puedes identificar cuáles son los aspectos únicos y diferenciadores que tiene tu marca personal. Esto te ayudará a destacar entre la competencia y posicionarte de manera distintiva en la mente de tus seguidores.
- Coherencia en la comunicación: los arquetipos proporcionan una guía para la comunicación de tu marca personal. Al tener claridad sobre qué arquetipos representan tu marca, puedes asegurarte de que tus mensajes y acciones estén alineados y sean coherentes con esa personalidad.
- Orientación estratégica: los arquetipos pueden servir como una guía estratégica para la toma de decisiones y la planificación de tu marca personal. Pueden ayudarte a definir la dirección y los valores que deseas transmitir, así como a establecer objetivos y estrategias de *marketing* más efectivas.
- Identificación de oportunidades de crecimiento: al analizar tus arquetipos, es posible identificar áreas de oportunidad y crecimiento para tu marca personal. Puedes identificar qué aspectos de tu personalidad de marca pueden fortalecerse o desarrollarse para alcanzar tus metas y satisfacer mejor las necesidades de tu audiencia.

Recuerda que los arquetipos son solo una herramienta para ayudarte a definir y comunicar lo que tu marca personal tiene para decir. Es importante que también consideres otros aspectos como tus valores, habilidades y experiencias, para construir una marca personal sólida y auténtica. La autenticidad y coherencia son fundamentales, así que asegúrate de elegir un arquetipo que realmente refleje quién eres y cómo quieres ser percibido por tu audiencia.

En resumen, te dejo punto a punto algunas de las acciones que hemos desarrollado junto a mi equipo, para crear algunas marcas personales:

- Seleccionar un *username*: realizar un inventario de tus redes sociales, para saber si se encuentran los nombres libres en todas las redes sociales, lo ideal es que sea el mismo nombre para todas.
- Escribe tu historia con los acontecimientos que más marcaron tu vida, el *storytelling* acapara la atención de los usuarios.
- Haz un video formal de presentación de tu marca, en formato vertical y de un minuto, como máximo.
- Busca en las redes algunas marcas que hagan lo mismo que tú o algunas referencias de las personas que más admiras, cuentas de las que quieras tomar inspiración.

- Escribe una declaración de marca y pide ayuda para diseñar tu manual de marca.
- Antes de hacerte una sesión de fotos profesionales, busca referencias de personas cuyas imágenes te gusten, puedes ayudarte con Pinterest. Crea tu propio *moodboard*.
- Hazte una sesión fotográfica y trata en lo posible de que tus fotos comuniquen el concepto de tu marca. Tómate fotos señalando tus dedos a diferentes direcciones esas sirven para realizar montajes con tus productos o carteles.
- Aprovecha el material y el tiempo que tienes para grabar videos detrás de cámaras que conecten con tu audiencia, puedes hacer tus *bloopers* y así demostrar que tus equivocaciones son parte natural del proceso.
- Diseña un pequeño espacio para tus grabaciones y videos.
- Compra un aro de luz, esto ayudará a verte más profesional.
- Cuida el tono de tu voz, las pausas y tu respiración.
- Que tu expresión facial y corporal sea relajada, no rígida ni acartonada.

- El *concept board*, la paleta de color y el logo es preferible que lo concrete un diseñador gráfico para darle un estilo más profesional.
- Analiza 25 temas de contenido que tengan que ver con tu marca, desarróllalos y tendrás un contenido diferente para cada uno de los días del mes.
- Crear un canal de YouTube; si se te complica, hay muchos recursos en la misma plataforma que te pueden guiar y ayudar en el proceso.

Existen varias herramientas de edición de contenido para redes sociales que puedes utilizar para crear y editar tus publicaciones. Algunas opciones populares son:

- Canva: del cual ya te hablé, pero te recuerdo que es una herramienta en línea que ofrece plantillas preestablecidas y personalizables para crear contenido visualmente atractivo, como imágenes, gráficos, infografías y publicaciones para redes sociales. También cuenta con una amplia biblioteca de elementos gráficos y opciones de edición para personalizar tus diseños.
- InShot: es una aplicación móvil que se enfoca en la edición de videos para redes sociales. Permite

recortar, ajustar la duración, agregar música, texto, filtros y efectos a tus videos antes de publicarlos en plataformas como Instagram, TikTok o YouTube.

Estas son solo algunas opciones de herramientas de edición de contenido para redes sociales. Recuerda elegir la que mejor se adapte a tus necesidades y preferencias, y que te permita crear contenido visualmente atractivo y de calidad para tu audiencia.

Si tu propósito es ganar dinero con tu pasión, fabuloso, te resultará como jugar, no trabajarás un solo día de tu vida. En las diferentes redes sociales es importante que quienes te vean sepan qué vendes, no todos te comprarán, pero sí te recomendarán. Es imprescindible tener visibilidad, nadie es como tú. Haz uso de todas las herramientas que puedas siempre y cuando te permitan mejorar tu imagen de marca, ya sea tomar un curso para mejorar tu dicción y poder hablar fluidamente frente la cámara, descargar un *teleprompter* en tu teléfono, escribe un blog poco a poco, así irás evolucionando en la redacción de tu contenido.

Colabora con otras personas o marcas, el egoísta no avanza en la era digital, asóciate, relaciónate. Expande tu marca llevándola a eventos, haz *networking*, entre más te conozcan, más ganarás. Hoy en día los usuarios tienen otra percepción de los negocios, las personas quieren ver gente real, haciendo cosas reales y cotidianas. Una marca personal es como un *reality show*. Aventúrate a hacerlo diferente, hay quienes juegan y otros ven el partido, ¿de cuál lado quieres estar tú?, ¿en la cancha dándolo todo o sentado en la banca, sin sudar la camiseta?

Genera confianza y credibilidad, los contenidos en redes sociales se distribuyen así: las ventas en redes sociales solo 10 %, credibilidad 20 % y el 70 % contenido que genere confianza, puesto que si yo confío en esa persona, le compro, le recomiendo, lo sigo y soy leal.

Este es un momento para aprender de *marketing* digital, marca y comercio digital. Busca a aquellos creadores de contenido que cuentan sobre sus errores, ya que de ellos aprendes a cómo fracasar, caerte y levantarte. Nunca olvides que el camino al éxito no es lineal.

Analiza cómo te percibe el resto de la gente, sobre qué te piden ayuda, con qué te asocian, la forma con la que los usuarios interactúan con tu marca, hacia dónde te está llevando tu audiencia, qué les gusta a tus seguidores de lo que tú compartes. Recuerda: no es lo que te guste a ti. Cuando identificas en qué eres bueno, practicas con el resto de tus habilidades, construyes una comunidad sólida y brindas lo mejor de ti, y no dejes de perseverar, igual si eres dueño de negocio tienes que aprovechar de utilizar todas estas herramientas para vender mucho más con la presencia en línea, automatizaciones e innovación. Te hago un *spoiler*: inevitablemente el éxito llegará.

DESAFIANDO LA EDUCACIÓN TRADICIONAL

5

El dinero es una herramienta de intercambio o transferencia de bienes y servicios, que bien canalizada y aplicada, nos permite desplegar de mejor forma nuestro quehacer en el mundo. Sin embargo, una gran cantidad de personas tiene creencias limitantes y las más arraigadas son las que tienen que ver con el dinero, y debido a esto, de forma consciente e inconsciente, se padecen sus consecuencias.

Nunca he tenido problemas para reconocer que me gusta el dinero. Lamentablemente, la cultura latina nos enseña muy bien cómo gastar pero poco a cómo generarlo y conservarlo, creo que este es un tema que se debería conversar en las mesas familiares; aunque no obstante, debemos buscar de educar a nuestras hijos en temas como finanzas, emprendimiento, oratoria, negocios, *marketing* digital, etiqueta y protocolo, cocina, idiomas, deporte, danza, espiritualidad, teatro, actividades que le ayuden en su desarrollo social y personal, y que les aporte conocimientos para la vida que combinadas con una carrera universitaria el resultado sea una bomba.

Muchas veces cuando hablan de dinero te cuentan historias de celebridades, como Myke Tyson, quien tuvo fortuna, pero no se educó financieramente y lo perdió todo, es real. Personalmente creo que nos ayudan más historias de personas como tú y como yo, alguien con quien podamos identificarnos más fácil, así que te voy a contar la historia de mi papá. De su historia, de la que fue testigo, aprendí lecciones sobre el dinero, su uso y cómo multiplicarlo. Mi papi era un niño rico de cuna, pues su abuelo era un terrateniente de Costa Rica en los años 60, y por eso a él lo llevaban a la escuela a caballo (el equivalente moderno a un Lamborghini), aprendió a conducir un automóvil a los ocho años, vivía en una casa muy grande con muchos empleados, y su mamá, por ser el más pequeño, le daba todo.

A mi papá nunca le enseñaron a ahorrar, no escatimaba en sus gastos. A los 6 años mi abuelo sufrió un accidente de trabajo en su empresa y papi quedó huérfano, posteriormente heredó lo que le correspondía. Y su abuelo decidió acogerlos como hijos a él y a su mamá. Posteriormente el abuelo murió cuando mi papá era un adolescente y por eso volvió a heredar. Es de esperarse, por todo esto, que mientras iba creciendo él fuese tomando malas decisiones desde el punto de vista financiero: hacía malos negocios, no le tenía respeto al dinero, no le daba importancia al hecho de multiplicarlo. El dinero no es un recurso inagotable, hay que invertirlo asertivamente, para que vaya y venga de vuelta. Pero en esa etapa de su vida, mi papá aún no había aprendido la lección, ya que a cada contratiempo económico que se le presentaba mi abuela salía a su defensa y apoyo económico.

Ya pasaron muchos años de esa época y puedo rescatar que, aunque mi padre haya devorado su fortuna, admiro su adaptabilidad y amor por la vida, actualmente trabaja, tiene pareja y es un buen hombre, ama a su mamá por sobre todas las cosas, es feliz y sostiene la filosofía de que «el dinero se hizo para gastarlo». Hoy en día agradezco su ejemplo, me mostró lo que yo no quiero ser en el área económica, amo a mi papá, lo comprendo y no lo juzgo.

Crecí entre dos discursos sobre el dinero, en la escuela y en mi casa siempre hablaron muy mal de él: que servía para hacer pelear a las personas, decían que a los que les gustaba el dinero eran avaros o ambiciosos, en resumen, no eran buenas personas, y finalmente uno es el resultado de los discursos e informaciones que te aportan las personas que están en tu entorno. Es por ello que mi relación con el dinero siempre consistió en que me gustaba tenerlo para comprar lo que quería y para tener la vida lo más cómoda posible. Solo que no me había educado para hacerlo crecer, solo sabía que lo gastaba. Si no te educas, pagas con tiempo, que es el recurso más valioso de la historia. La vivencia de mi papá la traigo como un ejemplo de lo que viven muchas mujeres, que siempre vivieron dependientes de un tercero o que no se educaron financieramente.

Según Kim Kiyosaki en su libro *Mujer Millonaria* (2019), existen unas estadísticas bastante importantes que debemos considerar: el 90 % de las mujeres en algún momento de su vida tendrán que ocuparse de todas sus finanzas. Bien sea, porque quedó viuda, se divorció, murieron sus padres, se le acabó el fideicomiso. Cualquier evento de esos puede suceder y si no sabe cómo incrementar el dinero que tiene, se quedará arruinada. Kiyosaki dice que de ese 90 % un 79 % no ha considerado qué hacer si algún evento adverso ocurre. Es decir, no están preparadas. Siguiendo esas estadísticas, el 58 % de las mujeres tiene ahorrado menos de 10 mil dólares para su jubilación. Cosa que nos confirma que todavía se mantiene un patrón sobre la mujer: que evidentemente no ahorra ni está preparada financieramente para el futuro.

El problema reside en que en Latinoamérica nos preparan a las mujeres para casarnos, estudiar o depender de otro y no nos preparan para tener una economía autónoma. No les enseñamos ni a administrar su mesada. Entonces, nos enfrentamos a un problema educativo, un peligro para la evolución y el desarrollo individual de las mujeres.

Desde niña imaginaba tener mi negocio, rodeada de mucha educación, pero nada de conocimientos en finanzas, nunca nadie me habló sobre inversiones, créditos o planificación financiera. Tenía muchos títulos, pero me faltaba uno de los conocimientos más esenciales de finanzas personales y administración de negocios. Claro que soñar con un negocio es muy fácil pero que funcionen a largo plazo es otra. Me preguntaba siempre por qué después de tanto estudio no tenía el conocimiento para administrar finanzas personales. Esta carencia no era solo mía, es una realidad que viven muchos países de Latinoamérica. El sistema educativo tradicional en la región, con currículos rígidos y desactualizados, no incluían educación financiera como una prioridad. La enseñanza se centraba principalmente en materias básicas como matemáticas, ciencias, lenguas; dejando poco espacio para temas que, aunque eran cruciales para la vida, no eran considerados esenciales.

La concientización sobre la importancia de la educación financiera, actualización de currículo, formación de docentes; es necesario, solo así las futuras generaciones podrían estar preparadas para enfrentar los desafíos financieros del mundo moderno.

Las estadísticas del libro de Kiyosaki son alarmantes: de cada cuatro ancianos que viven en pobreza, tres son mujeres. Siete de cada diez mujeres han vivido en algún momento de su vida en pobreza. Y el 80 % de las mujeres que fueron objeto de esta investigación no eran pobres cuando sus maridos vivían. Entonces las mujeres debemos aprender finanzas sí o sí, no es una opción, es obligatorio. Pasamos la vida cuidando de otros, pero no cuidamos lo más elemental, nosotras mismas.

La premisa de este capítulo es que el ahorro es obligatorio, hay cosas que no sabemos hacer y por eso necesitamos de un equipo: un abogado, un contador, que nos apoyen cuidando lo que tanto nos ha costado construir, nuestra autonomía económica, porque, aunque nos falten ciertos conocimientos, siempre debemos seguir adelante.

Proceso consumista

Nos hemos acostumbrado a gastar más de lo que ganamos, a no invertir dado que nos da miedo, aun cuando no nos tiembla la mano para pagar un bolso de $ 3000. Al latino le toca ahorrar, a nosotros no nos ampara ningún ahorro a largo plazo y las jubilaciones por parte del Estado en muchos países o bien no existe o no calificamos para ello. El dinero es parte de la felicidad, y todo lo bueno es a largo plazo, los resultados del *gym*, la buena salud, los estudios y las profesiones, también las inversiones.

Si nos casamos o tenemos una pareja, debemos cuidar el patrimonio, ahorrar, hacer inversiones, no despilfarrar, de lo contrario se atentará en contra de la estabilidad de la pareja. ¿No me crees? Observa las parejas que tienen años juntas, esas son las que tienen negocios, los alimentan y hacen crecer, velando así por sus finanzas. Y si en algún momento se deben separar, cada quien queda con un patrimonio. Para que esto ocurra, debes estar lista.

Independientemente del estilo de vida que lleves, si tienes creencias que limitan el flujo del dinero, te digo que es importante que revises y tomes acción para cambiarlas haciendo ajustes y entendiendo que el dinero es una energía y que puedas abrirte a una experiencia de mayor fluidez. Quizás hayas sido programado desde que naciste con un sentido de carencia, por lo que el dinero no era bienvenido en tu vida; y así, sin quererlo, estás respondiendo esto en el presente.

Cambia las creencias con el dinero, es decir, aprende sobre finanzas: desde cómo ahorrar hasta cómo multiplicar tus ingresos; y comenzar a mirar el dinero en una perspectiva diferente, menos limitada, esto te ayudará a comprender que dinero no significa carencia, sino posibilidades, soluciones y oportunidades. Así podrás mejorar tu relación con el dinero y comenzar a ver la vida de una forma más positiva.

Investiga en Internet, aprovecha y búscate un mentor, recuerda que tú eres el responsable de tus propias finanzas así que, ¡maneja el dinero con una mentalidad de abundancia!

- Comienza a tomar decisiones acertadas con tu dinero.
- Establece metas financieras y ponte en acción para alcanzarlas.
- Comprende la importancia de tener un presupuesto, ten disciplina.
- Toma cursos o lee libros sobre educación financiera.
- Busca fuentes confiables para obtener información acerca del dinero como noticias, consejos y herramientas.

Recuerda que el dinero es una herramienta para alcanzar tus metas; así que usa estrategias inteligentes para administrarlo correctamente. Al dejar de evaluar negativamente el dinero, puedes aprender a hacer mejores elecciones financieras, gracias a que comprendes cómo funciona.

Esto te permitirá alcanzar tus metas y lograr el éxito financiero:

- Crea un presupuesto para ver exactamente cuánto dinero estás gastando en cada área. En Excel hay plantillas muy sencillas que te ayudarán a organizarte.
- Usa tus fondos para maximizar los beneficios y evitar las trampas comunes a las que nos enfrentamos: gastar más de lo que ganamos, no ahorrar, gastar el dinero antes de ganarlo, comprar cosas que no necesitamos solo porque están baratas.
- Deja las tarjetas de crédito en casa, cuando salgas de compras. Planifica tus compras y ordénalas según su prioridad. Compra en temporadas, aprovecha las promociones y ofertas.

Recuerda: el dinero no es solo un medio para adquirir productos y servicios, es un instrumento para ayudarte a alcanzar tus objetivos financieros. Cuando desarrollas creencias positivas sobre el dinero, comienzas a verlo como algo que puede usarse para tu bienestar. Así que no dudes en dar los primeros pasos hacia la libertad financiera. Usa la educación financiera para encontrar dinero subutilizado, evaluar tus metas financieras y mantén un presupuesto saludable. Cambia tu forma de pensar acerca del dinero para que puedas superar las creencias limitantes y ayudarte a alcanzar la libertad financiera.

La educación financiera te ayudará a entender cómo funciona el dinero, sus beneficios y tomar decisiones informadas sobre tu futuro financiero. Esto te permitirá aprender nuevas habilidades para administrar el dinero de forma efectiva y respetarlo, lo que te permitirá desarrollar una actitud positiva hacia el dinero. Además, ese conocimiento te brinda la confianza para tomar decisiones financieras inteligentes que te ayudarán a cumplir tus metas. Esto significa que puedes invertir tu dinero sabiamente, alcanzar objetivos financieros y lograr la ansiada independencia económica, porque no importa con quién te cases, nunca debes renunciar a tus propios ingresos. Con el avance de lo digital, puedes recibir el dinero proveniente de una actividad sin salir de casa.

En resumen, el dinero es solo una herramienta; su uso depende de ti. A través de la educación financiera, podemos cambiar nuestras creencias limitantes con respecto al dinero y desarrollar una mentalidad de prosperidad. Esto nos ayudará a navegar el mundo financiero como expertos, mejorando la seguridad económica y obteniendo más control sobre nuestro destino financiero. Para lograr todo esto debemos construir una nueva relación con el dinero, se trata de descubrir cuál es vínculo que tenemos con él.

Hagamos un ejercicio de memoria y recordemos:

- ¿Qué se decía en nuestra familia sobre el dinero?

- ¿Cómo nos hace sentir?

- ¿Cuáles creencias formamos durante nuestra vida y alrededor de él?

- ¿Cómo este vínculo se manifestó a lo largo de los años?

- ¿Guardamos dinero para que nunca falte? ¿O por el contrario, lo usamos para hacer compras que esconden nuestras emociones?

Es hora construir nuevos hábitos para mejorar ese vínculo, ordenarnos y empezar a ahorrar. Ahora entendemos que el dinero no es un fin, sino un medio para lograr nuestros objetivos. Planificar todas las metas que queremos alcanzar y armar un plan. Con dedicación, esfuerzo y conocimiento todo es posible. Llevar el control de nuestro dinero y tener un fondo de emergencia que nos hará sentir tranquilos y seguros. Encontrar un equilibrio en nuestro presupuesto para hacer lugar a esos grandes objetivos y a aquellas actividades o gustos que nos hacen bien.

Creencias limitantes y dinero

Ha llegado el momento de que te sinceres y admitas qué creencias limitantes tienes sobre el dinero; solo recuerda que ellas no tienen por qué ser reales, pues solo están dificultándote alcanzar eso que deseas. Ante todo, ¿qué son las creencias limitantes?: son aquellas ideas arraigadas en nuestro ser que nos bloquean al momento de conseguir nuestros objetivos. Las creencias nos atan, nos impiden actuar, echan por el piso nuestra valentía y nos mantienen en un estado de temor. Te recomiendo que las identifiques y las destierres de tu mente para siempre. A continuación, te expondré las creencias limitantes más comunes:

1. El dinero no puede comprar la felicidad, pero la escasez y la miseria mucho menos lo harán. Donde hay pobreza, dificultad económica y privaciones de todo tipo, no se puede vivir una vida feliz.

   Yo pienso que el dinero no tiene la capacidad de comprar algunas de las cosas más importantes de la vida, tales como el amor, una amistad duradera o incluso un día más de vida, en cambio, lo que sí puede comprar el dinero es LIBERTAD. Cuando tienes dinero eres libre para decidir en cuáles actividades quieres invertir los días de tu vida, eres libre de elegir el tipo de educación que quieres tener, en qué país y ciudad quieres vivir, y así con muchas otras cosas importantes de la vida.

2. Ser rico es ser malo.

   Muchas personas usan esta afirmación para sentirse mejor con su situación financiera cuando la realidad es que no todos los ricos son malas personas, como no todas las personas pobres son buenas. De hecho, a lo largo de mi vida, he conocido personas con mucho dinero y con un corazón muy grande. Te reto a que conozcas a una y saques tus propias conclusiones. En la sociedad hay personas egoístas que solo buscan su bienestar individual sin importar si tienen que pasar por encima de otros, y esto no depende del dinero que acumulen, sino de su forma de ser.

3. El dinero cambia a las personas.
   Quiero derrumbar este mito con la siguiente afirmación: el dinero no tiene la capacidad de cambiar a nadie, porque que el dinero no es bueno ni es malo. El dinero lo que sí tiene es un poder muy grande y la capacidad de sacar lo que ya eres por dentro. Es decir, si eres una persona corrupta y materialista, el dinero solo hará sobresalir estas características en ti dado que tendrás más oportunidades para ser corrupto y egoísta. Si por el contrario eres una persona noble y bondadosa, utilizarás tu dinero para procurar ayudar a los demás.
4. Hay que tener suerte para tener dinero.
   Te diré lo siguiente: los «suertudos» ganadores de estas famosas loterías, que suelen ser muy pocos, rápidamente pierden sus grandes fortunas por

falta de educación financiera. La suerte en verdad sí existe, pero debes encontrarte trabajando en tus sueños, en el momento perfecto de estudio, preparación, equipo y metas claras, y no perdiendo el tiempo en tonterías.

5. Trabaja muy duro para que puedas ganar dinero.

   Esta creencia pudo haber sido aplicada hace 100, 200 o 500 años, sin embargo, ahora en el siglo XXI se cae por sí sola. Todos los trabajos son dignos, no importa a lo que te dediques, si amas lo que haces, no trabajarás ni un solo día de tu vida. Si trabajar muy duro fuera el mejor camino para ganar dinero, entonces los obreros de construcción, los taxistas y las amas de casa serían extremadamente ricos, puesto que estos son algunos de los trabajos que requieren mayor esfuerzo, aun así su recompensa es mínima. Se requiere, sin duda, trabajar inteligentemente. No podemos depender de una sola fuente de ingreso, la pandemia nos enseñó que debemos diversificarnos.

Para que ganes mucho dinero, en vez de trabajar muy duro, debes trabajar con inteligencia, hacer algo que te guste, que te apasione y que ames profundamente, buscar la forma de aportar valor a cientos de personas. También es necesario trabajar en equipo, esta es una excelente herramienta. Solo puedes llegar a construir grandes cosas, mientras que acompañado, llegarás más lejos, apaláncate en:

- Tiempo de otras personas.
- Conocimiento de otras personas.
- Dinero de otras personas.
- Alcance de las redes sociales.

6. Soy pobre por culpa del gobierno, mi jefe y mi familia. No deja de llamarme la atención que este tipo de educación no tenga la importancia que se merece desde la escuela. Nos enseñan a leer, escribir y a contar, pero no nos instruyen sobre la importancia que tiene el manejo del dinero y el papel que jugará este a lo largo de nuestras vidas. Ahora bien, considero que hay cuatro aspectos fundamentales a los que no se les ha dado importancia en la vida de las personas:
    - La salud y la sana alimentación.
    - La gestión de emociones.
    - La gestión del tiempo.
    - La educación financiera.

Estos aspectos son fundamentales para nuestras vidas y no se nos prepara en la infancia para enfrentarnos con ellos. Eso es lo que me pasó a mí. Empecé a trabajar y manejar cantidades de dinero, era como haberme presentado a un examen en blanco. Nunca he tenido una mala relación con el dinero, por el contrario, siempre me ha gustado, no obstante, no conocía la importancia de ganarlo, invertirlo, ahorrarlo, crear activos, reinvertirlo y diversificarlo.

La educación financiera es fundamental y no me cansaré de decirlo, debemos estar preparados para anticipar necesidades de la vida, abordar tiempos difíciles y aprovechar las oportunidades de negocio que en el camino se puedan presentar. También puede ayudarnos a reducir nuestra vulnerabilidad, si eres una mujer casada y tu esposo te apoya económicamente, no solamente salgas a gastar ese dinero en zapatos, mejor estudia, invierte, si tienes una carrera universitaria mantente actualizada, ahorra y adquiere activos. El mundo digital te ofrece muchas posibilidades de monetizar tu talento o simplemente compartir tus conocimientos por una plataforma digital.

Entonces, ¿necesitas un asesor financiero? Absolutamente SÍ. Un asesor financiero puede asegurar tu bienestar financiero presente y futuro, ayudarte a solucionar problemas pasados y errores generacionales de índole económica, a fin de evitar que se repitan comportamientos equivocados, capaces de mandar por el retrete tu trabajo, esfuerzo y ahorro de muchos años. Un asesor financiero te ayudará a reconocer tus metas, tus para qué gastar, ahorrar e invertir.

Siempre será aconsejable tener una persona dedicada al 100% al tema de las inversiones, que posea conocimiento financiero; si bien es cierto que cada individuo debe hacerse responsable de su futuro y presente financiero nunca estará de más tener a alguien de confianza con conocimientos probados para compartir ideas y ayudarte a mejorar tu economía personal.

Recuerde que al final la decisión siempre será suya, el asesor financiero está para ayudarle a tomar las mejores decisiones, sobre aspectos importantes como un plan de retiro, inversiones para diversificar tus ingresos, manejar ingresos inesperados: como una herencia o una ganancia producto de alguna inversión, un cambio en el estilo de vida, un matrimonio, la compra de inmuebles, entre otras.

¿Qué es un portafolio de inversión?

Es un conjunto de inversiones que tiene una persona o una empresa a través de diversos instrumentos financieros seleccionados y administrados con fundamentos sólidos, los cuales buscan obtener rendimientos para cada perfil de riesgo u horizonte de inversión con el fin de alcanzar objetivos financieros específicos.

Estas carteras suelen ser gestionadas por inversores profesionales, como gestores de activos o asesores financieros. Los inversores particulares también pueden optar por gestionar sus propias carteras.

Un portafolio de inversión debe revisarse periódicamente para asegurarse de satisfacer las necesidades y los objetivos del inversionista, teniendo siempre en cuenta que es fundamental tener un portafolio diversificado.

Aquí te dejo algunos pasos a seguir para diseñar un portafolio de inversión:

- Definir el tipo de portafolio según el perfil de riesgo y la estrategia.
- Seleccionar los activos.
- Seleccionar los sectores.
- Medir la rentabilidad de cada activo que tenemos en el portafolio.
- Medir la rentabilidad del portafolio.
- Evaluar y optimizar nuestro portafolio.
- No poner todos los huevos en la misma cesta.

Estrategias y recomendaciones para armar un portafolio de inversión

Como ya sabemos, al invertir asumimos un riesgo, por lo que es importante aplicar ciertas estrategias para poder reducirlo. Determinar el objetivo antes de invertir.

Estar diversificado, es decidir invertir en varias cosas, ayudando a amortiguar los efectos de los movimientos bruscos de los mercados financieros. Evitar hacer una sola inversión. Alguien comentó por ahí que no se pueden meter todos los huevos en una sola canasta. Un portafolio de inversión debe buscar el rendimiento, considerando el riesgo y el plan de inversión. Hacer revisiones, reasignaciones o adecuaciones al portafolio, minimizando el riesgo de que los activos no den el rendimiento esperado. Realizar permanentes evaluaciones de los instrumentos de inversión.

En resumen, crear un portafolio de inversión equivale a invertir en un conjunto de activos financieros, que te permitirán diversificar tus ahorros para obtener los mejores resultados en rendimiento a futuro.

La educación es este aspecto que ayuda a ampliar nuestras destrezas en el manejo de dinero, nos entrega herramientas para sobreponernos a las brechas en los ingresos, amortiguar eventos inesperados que afecten la economía y prepararnos para el futuro.

Ahora pienso, después de lapidar pequeñas fortunas a lo largo de mi vida, que el tiempo es clave y que, cuanto antes se aprenda sobre economía, ahorro, gasto, inversión, será mejor.

«DECIDÍ INVERTIR EN MÍ MISMO. SI ALGÚN DÍA PERDIERA TODO, NO PERDERÍA JAMÁS MI FORMACIÓN».

Alfio Bardolla

UNA LATINA EN EL PAÍS DE LAS MARAVILLAS

6

BITCOIN

A PEER-TO-PEER ELECTRONIC CASH SYSTEM

SATOSHI NAKAMOTO · OCTOBER 31.2008

Abstract. *A purely peer-to-peer version of electronic cash would allow online payments to be sent directly from one party to another without going through a financial institution. Digital signatures provide part of the solution, but the main benefits are lost if a trusted third party is still required to prevent double-spending. We propose a solution to the double-spending problem using a peer-to-peer network. The network timestamps transactions by hashing them into an ongoing chain of hash-based proof-of-work, forming a record that cannot be changed without redoing the proof-of-work. The longest chain not only serves as proof of the sequence of events witnessed, but proof that it came from the largest pool of CPU power. As long as a majority of CPU power is controlled by nodes that are not cooperating to attack the network, they'll generate the longest chain and outpace attackers. The network itself requires minimal structure. Messages are broadcast on a best effort basis, and nodes can leave and rejoin the network at will, accepting the longest proof-of-work chain as proof of what happened while they were gone.*

1. Introduction. Commerce on the Internet has come to rely almost exclusively on financial institutions serving as trusted third parties to process electronic payments. While the system works well enough for most transactions, it still suffers from the inherent weaknesses of the trust based model. Completely non-reversible transactions are not really possible, since financial institutions cannot avoid mediating disputes. The cost of mediation increases transaction costs, limiting the minimum practical transaction size and cutting off the possibility for small casual transactions, and there is a broader cost in the loss of ability to make non-reversible payments for nonreversible services. With the possibility of reversal, the need for trust spreads. Merchants must be wary of their customers, hassling them for

What is needed is an electronic payment system based on cryptographic proof instead of trust, allowing any two willing parties to transact directly with each other without the need for a trusted third party. Transactions that are computationally impractical to reverse would protect sellers from fraud, and routine escrow mechanisms could easily be implemented to protect buyers. In this paper, we propose a solution to the double-spending problem using a peer-to-peer distributed timestamp server to generate computational proof of the chronological order of transactions. The system is secure as long as honest nodes collectively control more CPU power than any cooperating group of attacker nodes.

Hablemos sobre Bitcoin

Si hablamos de transformación digital no podemos dejar por fuera un término que venimos escuchando hace bastante tiempo ya. Actualmente, se ven un montón de «gurús» dando consejos financieros, otros mostrando grandes lujos a través de las redes sociales, cuando uno de los motores de esta era digital salió de inversionistas que entienden la importancia de ser simples y sin ostentaciones. Entre ellos, por ejemplo, tenemos a Jack Dorsey, a quien puedes ver en cualquier día de su vida luciendo una sencilla camiseta blanca. Aquí no hay nada que aparentar, estamos creando.

Adam Back, Michael Saylor y Lyn Alden son autoridades en este ecosistema a cuyas charlas he tenido el privilegio de asistir, y con sus lecciones han colaborado para que me apasionara con todo. Con ellos y muchos otros, me involucré estudiando a mayor profundidad y entendí que estamos en un mundo digital, el cual ha evolucionado tanto que ha escalado hasta llegar a ser tema político de los candidatos presidenciales 2024.

Lo que empezó como experimento, se convirtió en uno de los activos más importantes en el ámbito financiero, algo que la gente estaba dispuesta a comprar y vender; este activo desde el inicio contaba con opiniones polarizadas, unos lo aman y a otros no les agrada en lo absoluto. Alternativas como Bitcoin surgieron como respuesta a la crisis financiera del 2008, y la motivación principal fue la creación de un sistema efectivo, electrónico, descentralizado, que fuera independiente de instituciones financieras tradicionales y de gobiernos.

Este tema es digno de estudio en profundidad porque quien solo especula, lo que demuestra es una gran ignorancia sobre la materia. Mejor ve a fuentes comprobadas con las que puedas realmente educarte; te recomiendo el diplomado de Mi Primer Bitcoin de El Salvador, el cual puedes tomar desde cualquier parte del mundo. De hecho, en abril de 2024 fui jurado evaluador de una de las primeras graduaciones, donde niños están iniciándose en su educación financiera basada en bitcoin, cambiarán sus vidas y las de su entorno para siempre.

En 2021, viví uno de los acontecimientos de mayor influencia en mi trayectoria profesional: asistí a la Bitcoin Conference en Miami. Este tipo de eventos sirven para reunir a especialistas e interesados que quieren actualizarse en el tema político, negocios y hacer *networking*. Para mí, asistir a uno de estos eventos es como tomar un curso de la universidad: nadie es experto, todo cambia constantemente. Estos cambios me han hecho comprender que Bitcoin es más que dinero digital, es una red de confianza.

Ese año la Bitcoin Conference se paralizó para dar a conocer una noticia que cambiaría la historia de Centroamérica. En ese momento no me imaginé de lo que se trataba y, como todos los demás, quedé atenta a lo que estaba por suceder. Mi mayor sorpresa se dio cuando vi aparecer en las pantallas gigantes al presidente de El Salvador, Nayib Bukele,anunciando que desde ese momento Bitcoin se convertiría en moneda de curso nacional. Para mí como centroamericana, me impactó, fue un privilegio estar presente y que todo comience por nuestras raíces. Entre todas las cosas que dijo Bukele, explicó cómo sometió a consideración de la Asamblea Legislativa de su país un proyecto de ley que sustentara esto mismo, el cual se aprobó el 7 de septiembre de 2021.

Esta ley, llamada Ley Bitcoin, tiene como objetivo abrir nuevas oportunidades de empleo, promover una verdadera inclusión financiera y generar un mayor dinamismo económico para su país y la región. Algo impensable hace pocos años y en ese momento, sin esperarlo, la economía centroamericana cambió ante mis ojos y estos acontecimientos me terminaron de dar más razones para apasionarme.

En el primer semestre de 2023, me actualicé cursando una especialidad sobre derecho digital en España. Como abogada, en torno al tema digital, se abordan muchísimos aspectos como: inteligencia artificial, notaría híbrida, la vinculación entre lo analógico y lo digital, y les cuento que la mayoría de las clases empezaban con la historia sobre Bitcoin, cómo esta moneda virtual marca un antes y después en la historia del mundo. Estos estudios me dieron clases totalmente diferentes a las que yo vi en mi pregrado hace 10 años atrás, lo cual me llevó a pensar que con la proyección de lo que se viene al mundo en la próxima década, todo habrá y está cambiando más rápido de lo que nos imaginamos.

Gracias a mi interés por esta materia, se me dio la oportunidad de mejorar mi educación financiera, abrirme a mercados internacionales y cambiar mi forma de vivir, cosa que jamás imaginé, mucho menos que de un momento a otro las personas se dieran cuenta de que yo manejaba el tema y vinieran a pedirme asesoría. Desde esos inicios ya ha pasado mucho tiempo, ya llevo años educando personas alrededor del mundo, pues veo que la información le hace falta a mucha gente y por eso compran mensajes de «gurús» que les dicen que el Bitcoin es una manera fácil de ganar dinero, aprovechándose de la ingenuidad y el poco conocimiento que aún mucha gente tiene al respecto.

Con esto no te estoy diciendo si está bien o no invertir dinero en Bitcoin, en cambio te quiero hacer entender que la solución siempre va a apostar por una educación con la que puedas crear tu propio criterio. Cuando me preguntan qué es Bitcoin, les respondo que no existe una definición única, pues Bitcoin es muchas cosas: tecnología, política, economía, educación financiera, filosofía, matemática, historia, dinero digital, múltiples y diversos temas, que cada vez que profundizas en la madriguera del conejo te vas dando cuenta cómo realmente funcionan entre sí y con el sistema.

Las nuevas generaciones deben educarse en estos temas, ya que Bitcoin no es el futuro, es el presente y esto vino para quedarse. Vivimos en un mundo cada vez más digital y la descentralización forma una parte importante de la era digital; más allá de invertir dinero, lo primordial es el conocimiento, romper con antiguas creencias, alcanzar la adaptabilidad y tomar riesgos. Por eso creo que deberían enseñarnos en la escuela muchos temas de educación financiera y uno de ellos debe ser el dinero y cómo funciona, porque sobre el dinero ni la escuela ni la universidad nos preparan para abordarlo. Lo digo yo que estudié leyes. Yo siempre pensé que el dinero era solo ese pedazo de papel para comprar cosas, cuando la verdad es que es mucho más que eso.

Edúquense financieramente, como les dije en el capítulo anterior en este momento es muy importante ser autodidacta, los avances tecnológicos no son solamente para *geeks*, son para todos. Yo quiero aprovechar este capítulo para explicar de la forma que me hubiese gustado que me enseñaran a mí, tiempo atrás. En la actualidad, nosotros con Internet y curiosidad tenemos más información que un presidente de los Estados Unidos hace 25 años.

¿Qué es el dinero? ¿Qué es la inflación?

El dinero es un medio de intercambio que se utiliza para comprar bienes y servicios, puede ser en forma de billetes, monedas, cheques, tarjetas de crédito, entre otros. Cuando hay inflación, el dinero pierde valor, ya que los precios suben y se necesitan más unidades monetarias para comprar los mismos bienes y servicios que antes. La inflación puede ser causada por varios factores, como el aumento de la oferta monetaria, el aumento de los costos de producción, la disminución de la oferta de bienes y servicios, entre otros.

La inflación es el aumento generalizado y sostenido de los precios de los bienes y servicios en una economía. Es importante tener en cuenta que la inflación puede tener un impacto negativo en las finanzas y en la vida cotidiana de las personas. Por ejemplo, la inflación puede reducir el poder adquisitivo de las personas, lo que significa que pueden comprar menos bienes y servicios con la misma cantidad de dinero. Además, la inflación tiene el potencial de aumentar los costos de producción y reducir la rentabilidad de las empresas, lo que lleva a despidos y cierre de empresas.

Algunas de las características de la inflación son:

- Disminución del poder adquisitivo: la inflación reduce el valor del dinero, es decir, la cantidad de bienes y servicios que se pueden comprar con una unidad monetaria que disminuye.
- Aumento de los precios: la inflación se manifiesta como un aumento generalizado y sostenido de los precios de los bienes y servicios en una economía.
- Desequilibrio entre la oferta y la demanda: la inflación puede ser causada por un desequilibrio entre la oferta y la demanda de bienes y servicios en una economía.
- Devaluación de la moneda: lo que significa que la moneda pierde valor en relación con otras monedas. Incide directamente en el poder adquisitivo de los ciudadanos y automáticamente disminuye, así como los bienes que también pierden valor.

La historia del dinero se remonta a más de 10 000 años, cuando las economías de obsequio y trueque eran comunes. Desde entonces, el dinero ha evolucionado a través de muchos escalones, incluyendo la invención de monedas, papel moneda y tarjetas de crédito. En la actualidad, Bitcoin está ganando popularidad como una forma de dinero digital que aporta libertad de uso y anonimato para sus usuarios, conocido también como el famoso Internet del dinero.

Centralización vs. descentralización

Antes de entrar en el tema es bueno aclarar los conceptos: «Centralización» significa que una sola persona o grupo de personas tiene el control del todo , como si fuera el jefe de un equipo. Por otro lado, «descentralización» significa que el control se comparte entre muchas personas, como cuando todos los integrantes de un equipo tienen la misma importancia y voz. En el caso de Bitcoin, es descentralizado porque ninguna persona o grupo tiene el control total. En lugar de eso, muchas personas alrededor del mundo participan en mantener la red y decisiones importantes se toman de manera colectiva, como si todos fueran parte de un gran equipo donde todos desempeñan un papel importante.

A nivel macroeconómico, la descentralización supone el reparto de poder, factores de producción, infraestructuras o recursos económicos. Esto supone un mayor ámbito de libertad en materia de volatilidad de niveles de precios, menos restricciones genéricas y más atención a las necesidades específicas de cada región.

Características de un sistema descentralizado:

- Se describe como un sistema de igual a igual o de P2P porque:
  - o Las personas no tienen que identificarse para interactuar y estar interconectados entre sí a través de Internet.
  - o Cada quien es responsable de su propio dispositivo, pero presta y comparte sus recursos. Si hay un ataque a la red, los *hackers* tendrían que tener control de la mayoría de computadores — esto es casi imposible.
  - o En caso de que hubiera un error en un servidor, el resto no se vería afectado.
- Logra una sociedad más justa; ya que les quita el control a las corporaciones poderosas.

Como les he venido señalando desde el inicio de este libro, quiero compartir contenido lo que he validado con mi experiencia. Quiero dejar muy claro que no les daré consejos de inversión, solo les indicaré términos básicos para que conozcan y se familiaricen con este fascinante mundo de la economía digital.

El contenido que comparto en este libro es el resultado de mi vivencia. La historia en los activos digitales comenzó hace muchos años atrás y continúa con mucha más fuerza y credibilidad hoy en 2024. Muy poca gente conocía a Bitcoin y mucho menos se imaginaba el potencial de crecimiento y desarrollo que alcanzaría 15 años después.

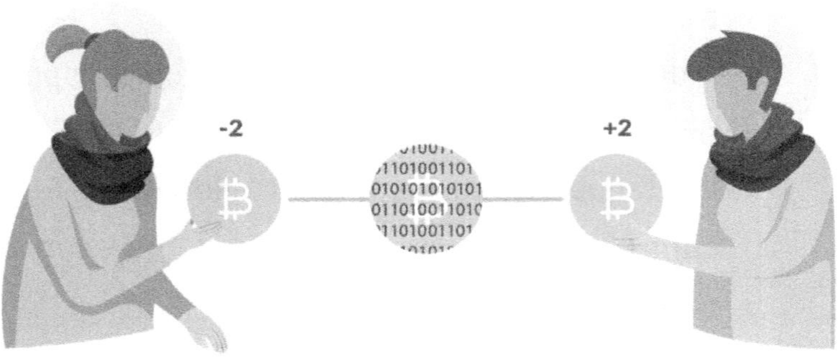

Origen y tecnología de *blockchain*

La *blockchain* es un término importante que se debe conocer antes entrar a explicar qué es Bitcoin. Es una tecnología que garantiza que todas las transacciones sean transparentes, seguras e inalterables, ya que cualquier intento de modificación de la información en un bloque necesita la modificación de todos los bloques anteriores.

En lugar de tener un solo dueño o una sola persona que lo controle, la *blockchain* de Bitcoin es compartida por muchas personas en todo el mundo. Estas personas se llaman «mineros» y su trabajo es proteger las transacciones. Los nodos fiscalizan y mantienen un registro seguro de las transacciones para que la red bitcoin funcione de una manera confiable que es muy difícil.

Una de las principales características de esta red es su transparencia, lo que significa que cualquier persona puede ver todas las transacciones que se han hecho, pero no pueden saber quién está detrás de ellas, ya que se utilizan identidades digitales en lugar de nombres reales. En resumen, la *blockchain* de Bitcoin es como un libro gigante y seguro que registra todas las transacciones.

Descubre el primer diplomado sobre Bitcoin

Bitcoin es dinero digital. La *blockchain*, por otro lado, es la tecnología que permite que Bitcoin funcione de manera segura y confiable. Imagina que Bitcoin es como una moneda virtual que se guarda en una billetera digital. La *blockchain* es como un gran libro de cuentas en el que se registran todas las transacciones de Bitcoin.

Cada vez que alguien hace una transacción con Bitcoin, como enviar o recibir dinero, esa transacción se registra en la *blockchain*. Pero aquí está la parte interesante: en lugar de tener un solo libro de cuentas controlado por una sola persona o entidad, la *blockchain* de Bitcoin está descentralizada. Esto significa que muchas computadoras en todo el mundo tienen una copia de la *blockchain* y trabajan juntas para verificar y validar las transacciones. Lo que quiero decir es que yo puedo tener en mi poder una copia de ese libro, tener mi propio nodo. Si quieres saber más de esto puedes estudiarlo en el Diplomado Mi primer Bitcoin, del cual te dejé código QR, para que puedas ingresar.

Un poquito sobre su historia

Bitcoin es una forma de dinero digital; entonces es como tener dinero en tu computadora en lugar de tenerlo en tu billetera, cartera o bolsa. Puedes usar Bitcoin para comprar cosas en línea o incluso en algunas tiendas físicas. Lo interesante de Bitcoin es que no está controlado por ningún gobierno o banco, lo que significa que nadie puede decidir cuánto vale. En cambio, su valor se basa en la oferta y la demanda, es decir, en cuántas personas quieren tener bitcoin y cuántas personas están dispuestas a usarlo. También es importante tener en cuenta que el valor del bitcoin puede ser volátil y cambiar rápidamente.

Esta moneda surgió en el 2008, se conoció como la primera moneda virtual en la historia; a lo largo de los años ha conseguido alcanzar una difusión masiva dejando de lado otras iniciativas como B-money, creada por Wei Dai en 1998, o Hascash, desarrollada por Adam Back en el 2002. La verdad que estos experimentos no tuvieron éxito.

En octubre del 2008 aparece en la escena digital el creador de Bitcoin, Satoshi Nakamoto, persona (o grupo), cuya identidad nunca ha sido revelada. Publicaron un documento titulado «Un sistema de moneda electrónica sin fiduciario», ese documento en cuestión, describiría un sistema de dinero electrónico descentralizado, sin la necesidad del control de un banco central.

Surgieron muchos interesados con teorías sobre la identidad de Nakamoto, una de las que más me gusta y más influencia tuvo en mí es la que dice que hasta podría ser una mujer.

Bitcoin también presenta riesgos y volatilidad; hoy está todo bien y mañana no sabemos, es un mercado muy intuitivo, nosotras las mujeres sabemos bastante sobre la intuición. En este nuevo desarrollo económico falta que se unan más mujeres, aunque ha variado poco a poco en los últimos tiempos, personalmente he visto mucha más participación femenina. Te recuerdo: esto no solo es para expertos en tecnología, es para quien quiera educarse. Además, este ecosistema ha creado diversas oportunidades laborales, que no requieren conocimientos técnicos avanzados, educadores, formadores, periodistas, escritores, analistas de mercado, contadores, investigadores, especialistas en atención al cliente. Esto demuestra que Bitcoin ha creado un ecosistema diverso, que va más allá del ámbito tecnológico, ofreciendo opciones para personas con diferentes habilidades y conocimientos.

Todos deben instruirse sobre cómo utilizar Bitcoin de manera segura, tomar precauciones para proteger sus fondos. Eso sí, las mujeres tenemos grandes posibilidades en este ecosistema. Les soy bien honesta, cuando empecé a estudiar esto se despertó también la necesidad de educarme financieramente y veía a la *mempool* (es una memoria temporal intermedia en donde se almacenan de forma momentánea las transacciones de los usuarios) como un electrocardiograma, porque no era mi mundo, no obstante, con el tiempo se volvió mi pasión, debido a que me retó, porque en ningún nivel educativo se me educó financieramente. Ahora tengo claro que la descentralización es más que un cambio financiero, socialmente causará un gran impacto; al final, Satoshi somos todos.

Aun cuando no sabemos si Satoshi es una persona o un grupo, hombre o mujer, lo que sí sabemos es que publicó el *whitepaper* de Bitcoin. Este es como la certificación de nacimiento, donde se explican las características de este sistema que permite la realización de transacciones sin intermediarios para conseguir una red de pagos (P2P), que significa de persona a persona, el uso de la criptografía como seguridad y la distribución en diferentes ordenadores, lo que disminuye el fraude y la falsificación. Bitcoin es la respuesta al problema del doble gasto, que no es más que el riesgo de que una moneda digital pueda gastarse dos veces. Yo sé que es mucha teoría, pero necesito explicar esto para que comprendas de dónde vienen los hechos. Cuando comprendemos la historia, realmente le damos valor a lo aprendido y ahí sí te digo que tomes la decisión de involucrarte en este mercado, es el futuro y el presente.

Características relevantes sobre Bitcoin:

- Criptografía: utilizan técnicas de cifrado para realizar cobros y pagos seguros.
- Descentralización: no necesitan ser controladas por ninguna institución, no está en ningún banco ni país.
- Es tuyo, no puede ser intervenido por nadie, ni te pueden congelar cuentas.
- Es un sistema transparente, toda la información está respaldada por la *blockchain*; este protocolo no puede ser manipulado y es completamente seguro. No está basado en propiedades físicas, eso es lo novedoso, por eso le llaman oro digital.
- Inembargable.
- Las transacciones son irreversibles: una vez se efectúe el pago, no hay posibilidad de cancelación.
- No hace falta comprar un bitcoin entero, puedes comprar una cien millonésima parte de bitcoin, comprar desde 20 dólares y mantenerlos en tu *wallet*.

- No hay intermediarios: el contacto es directo de persona a persona.
- No hay posibilidad de falsificación o duplicación: un sistema criptográfico protege a los usuarios.
- No hay servicio al cliente.
- No pertenecen a ningún país, Estado o banco, y lo puedes usar en cualquier lugar del mundo.
- Privacidad de uso: no es necesario revelar tu identidad al hacer negocios.
- Puedes ahorrar en bitcoin.
- Se pueden intercambiar por otras divisas.
- Su emisión es limitada, nadie puede crear más bitcoin. Escucharás el término «Club de los 21 millones», eso significa que existe ese número y nadie podrá crear un bitcoin adicional.
- Tienes la libertad de enviar y recibir pagos.
- Tienes más seguridad y control que teniendo dinero en el banco y su red esta disponible los 365 del año las 24 horas de los 7 días de la semana.

Yo no doy consejos financieros, pero sí recomiendo hacer DCA (Dollar Cost Averaging). Se refiere a establecer una estrategia de inversión en la que se compra una cantidad fija de bitcoin regularmente, independientemente del precio actual. Esto implica dividir la cantidad total que se desea invertir en varias compras más pequeñas a lo largo del tiempo, en lugar de realizar una sola compra grande.

Si quieres hacer DCA con Bitcoin, puedes seguir estos pasos:

1. Establece un presupuesto: decide cuánto estás dispuesto a invertir en Bitcoin y cuánto estás dispuesto a invertir en cada compra periódica.
2. Elige un intervalo de tiempo: determina con qué frecuencia realizarás las compras periódicas. Puede ser semanal, mensual, trimestral, etc.
3. Configura una cuenta en una plataforma de intercambio de moneda virtual: elige una plataforma confiable y segura donde puedas comprar bitcoin de forma regular.
4. Programa de compras automáticas: utiliza las herramientas disponibles en la plataforma de intercambio para programar compras automáticas periódicas. Esto te permitirá comprar bitcoin regularmente sin tener que hacerlo de forma manual cada vez que lo utilices.
5. Mantén un registro: lleva un registro de tus compras y el precio al que compraste bitcoin en cada intervalo. Esto te ayudará a evaluar tu estrategia a lo largo del tiempo.

Recuerda que invertir en bitcoin conlleva riesgos, es importante hacer tu propia investigación y consultar a profesionales financieros en el área antes de tomar decisiones de inversión. En la cultura bitcoin, escucharás el término DYOR que significa: «*Do you own reserch*», lo que significa: haz tu propia investigación.

No quiero ser la persona a la que culpes porque perdiste si el precio subió o bajó; bitcoin es una buena inversión, pero si crees que ganarás muchísimo en seis meses, no te lo recomiendo, ya que, por su nivel de volatilidad, las ganancias son a largo plazo.

El concepto de dinero digital ha existido a lo largo del tiempo, desde tarjetas de crédito y débito, transferencias electrónicas, Paypal, hasta llegar a la era del bitcoin. Se requiere de un nivel de aprendizaje y actualización, y de esta forma es como irá cambiando el mundo, puesto el mundo tiende a ser cada día más digital.

La red de bitcoin, podría ser vista como una obra de teatro. Hay diferentes participantes que desempeñan roles importantes en el funcionamiento de la red. Estos participantes incluyen:

- Usuarios: son las personas que utilizan Bitcoin para realizar transacciones, como enviar y recibir pagos. Los usuarios pueden ser individuos, empresas u organizaciones.

- Mineros: son los encargados de verificar y confirmar las transacciones en la red de Bitcoin. A manera de prueba y error, no tratan de resolver problemas matemáticos, como se encuentra en algunas definiciones, sino que buscan pegar una lotería, van tirando «dados electrónicos», lo que genera y consume energía eléctrica. En algún momento alguien pega el número ganador, entonces los mineros reciben recompensas en forma de nuevos bitcoin.
- Nodos completos: son computadoras que mantienen una copia completa de la cadena de bloques de Bitcoin y la comparten con otros nodos en la red. Los nodos completos ayudan a mantener la integridad y la seguridad de la red al verificar las transacciones y asegurarse de que cumplan con las reglas de consenso de Bitcoin.
- Desarrolladores: son las personas que trabajan en el desarrollo y mejora del *software* de Bitcoin. Estos desarrolladores crean actualizaciones y soluciones para mejorar la funcionalidad y la seguridad de la red.

¿Cómo funciona la transacción de Bitcoin?

Los mineros son los empleados de seguridad de bitcoin, básicamente los mineros le venden bloques válidos a la cadena de bloques y esta que se compone entre todos los participantes de la red acuerda pagarles con una recompensa. Cualquiera le puede vender bloque válido de bitcoin, es como un bingo, en la que mucha gente está participando y ha comprado un cartón, cuando alguien gana, canta BINGO y allí la *blockchain* lo premia, con una cierta cantidad de bitcoin, eso es la minería; hablando de su funcionamiento interno. La minería es la capacidad de comprar a gente de seguridad y se les paga con una recompensa.

Hablemos ahora de los nodos; cada nodo tiene una copia de la transacción, lo que implicaría la verificación de que las reglas se están cumpliendo, y que nadie esté haciendo algo irregular. Se corre gratuitamente, pero no es una actividad económica tener un nodo, su función es de fiscalización. Por ejemplo, como cuando hay elecciones, siempre existen miembros de mesa que su función es únicamente de observadores.

Una vez que la transacción es verificada, se agrega a un bloque en la *blockchain* de Bitcoin. Una vez hecho esto no se puede modificar la transacción; ahora Pedro puede ver la cantidad de bitcoin que se ha recibido y usarlos para comprar cosas en línea o guardarlos como una forma de ahorro.

Bitcoin puede detectar errores tipográficos y normalmente no le permitirá enviar dinero por error a una dirección no válida.

Cómo funciona la *blockchain*

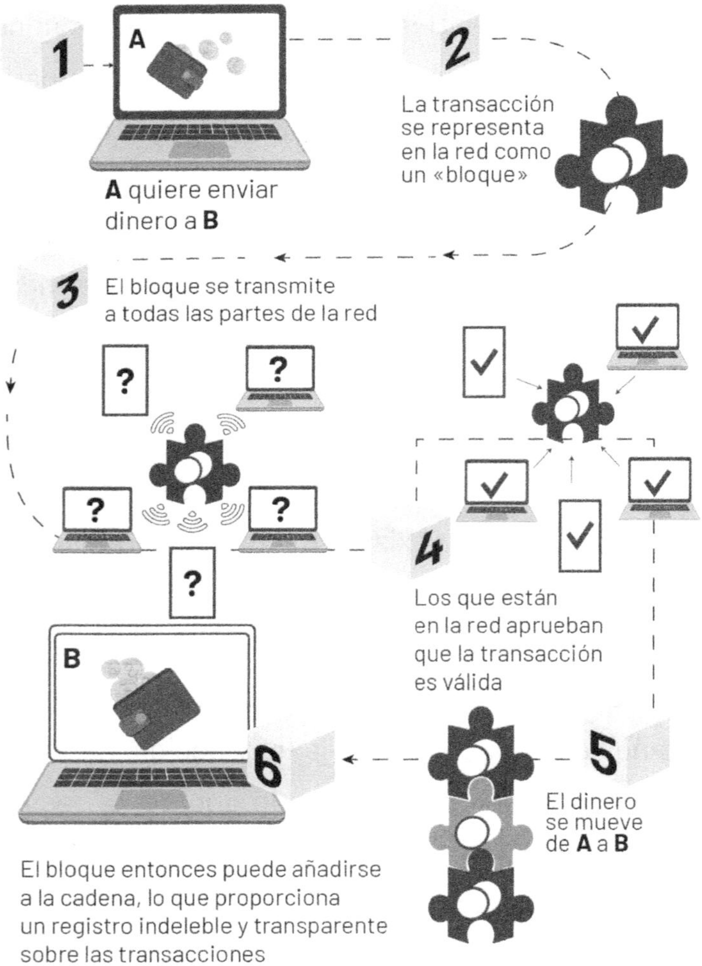

Billeteras o *wallets*

Una billetera virtual donde guardas tus bitcoin en lugar de tenerlos físicamente en tu bolsillo. Los bitcoin se encuentran realmente almacenados en la *blockchain*, que funciona como una bóveda y la *wallet* opera como la llave que la abre.

Existen dos tipos principales de *wallets*: las *wallets* calientes (*hot wallets*) y las *wallets* frías (*cold wallets*).

Una *wallet* caliente es una *wallet* que está conectada a Internet y es accesible a través de dispositivos como computadoras o teléfonos inteligentes. Son convenientes para acceder y realizar transacciones rápidas, ya que están siempre conectadas a la red. Sin embargo, debido a su conexión constante a Internet, pueden ser más vulnerables a ataques cibernéticos y robos si no se toman las precauciones adecuadas.

Por otro lado, una *wallet* fría no está conectada a Internet. Estas *wallets* se mantienen fuera de línea, generalmente en dispositivos físicos especiales llamados *hardware wallets.* Al no estar conectadas a Internet, las *wallets* frías ofrecen un nivel adicional de seguridad, pues los *hackers* no pueden acceder a ellas fácilmente. No obstante, debido a su naturaleza fuera de línea, pueden ser menos convenientes para realizar transacciones frecuentes.

En resumen, la diferencia entre una *wallet* caliente y una *wallet* fría radica en su conexión a Internet. Las *wallets* calientes están siempre conectadas y son convenientes para transacciones *on the go*, pero pueden ser más vulnerables a ataques, mientras que las *wallets* frías están fuera de línea y ofrecen mayor seguridad, aunque pueden ser menos convenientes para transacciones frecuentes.

- Necesitarás una billetera digital para almacenar tus bitcoin de forma segura. Puedes elegir entre diferentes tipos de billeteras, como billeteras de *hardware* (dispositivos físicos), billeteras de *software* (aplicaciones en tu computadora o teléfono).
- Genera tus claves privadas: las claves privadas son como las contraseñas que te dan acceso a tus bitcoin. Asegúrate de generar claves privadas seguras y únicas. Algunas billeteras te permiten generarlas automáticamente.
- Guarda tus claves privadas de forma segura: es importante mantener tus claves en un lugar seguro y protegido. Puedes escribirlas (frase semilla) en papel y guardarlas en un lugar seguro o utilizar una billetera de *hardware* que almacene tus claves fuera de línea.
- Haz copias de seguridad de tus claves privadas y guárdalas en diferentes ubicaciones seguras.

Esto te ayudará a recuperar tus bitcoin en caso de pérdida o daño de tu billetera.

Bitcoin ofrece altos niveles de seguridad si se usa correctamente. Recuerde siempre que es tu responsabilidad adoptar las medidas adecuadas para proteger tu dinero.

Diferencias entre bitcoin y dinero *fiat*

Bitcoin	Dinero *fiat*
Su masa monetaria es finita y está fijada para que solamente existan 21 millones de bitcoin. Nada ni nadie podrá crear más.	Posee una masa monetaria infinita, es decir al no estar ligado a un bien o mercancía, el gobierno puede emitir la cantidad que ellos deseen.
Al ser limitada su masa monetaria, no induce a la inflación, ya que jamás la cantidad de unidades monetarias superará el nivel de producción de bienes y servicios.	Al poder emitir una cantidad ilimitada, se induce inherentemente a la inflación, ya que al aumentar su masa monetaria en relación a la producción económica, su valor disminuye. Esto se debe a que hay más oferta, y eso disminuye el poder adquisitivo de las personas.
Es infalsificable, no pueden haber copias o falsos bitcoin; su creación y seguridad está basada en alta criptografía.	Su valor viene dado por la confianza en la fortaleza de la economía del gobierno que lo emite, básicamente es respaldado por la confianza que las personas tengan en esa moneda.

Es descentralizado, no está controlado por ninguna institución o gobierno. Su red se mantiene gracias a miles de nodos de toda la red de bloques.	Es centralizado, es decir, está controlado por un gobierno, que es quien determina su producción, garantiza la soberanía de esa moneda y autoriza a las entidades bancarias que pueden funcionar en el país.
Se puede transferir valor con el bitcoin sin importar el lugar geográfico donde se encuentra el emisor o el receptor, no hay ninguna restricción horaria y requieren solo minutos para que se haga efectiva la transferencia p2p. 10 minutos en promedio en la red de *lightning network*.	Las transferencias internacionales de dinero fiat pueden ser complicadas, costosas, involucrando intermediarios y conversiones de monedas, restricciones horarias, pueden tardar días, pudiendo añadir comisiones y retrasos.

Bitcoin también implementa el PoW, que significa prueba de trabajo (en inglés, *proof of work*). Es un método que se utiliza en Bitcoin para asegurar la red y validar las transacciones. Tiene algunas ventajas, como evitar el doble gasto e incentivar la participación en la red, y algunas desventajas.

Es muy importante que compres tus bitcoin solamente en plataformas verificadas, conocidas y validadas. Los peligros de bitcoin más conocidos son los riesgos asociados a su volatilidad, las estafas y la evolución de los *hackeos*, por eso es necesario aprender sobre autocustodia y doble autentificación.

El mercado se mueve de acuerdo a la oferta y la demanda. Por eso es crucial tener una idea sólida antes de invertir en el mundo de las monedas virtuales. Como lo advertí anteriormente, hay que educarse financieramente y no invertir más de lo que se está dispuesto a perder.

¿Cómo comenzar? Es una pregunta que todos me hacen, muchos —por desconocimiento— se dejan llevar por lo que ven publicado en las redes sociales y entran a ciegas, invierten dinero en algo que no saben qué es y lo más seguro es que pierdan su inversión. Pierden por dejarse llevar por desconocidos o grupos de personas que dicen conocer a fondo el negocio. Si alguien hace sus inversiones creyendo que podrá voltearse a estas personas para reclamar en el caso que algo salga mal, pues está equivocado. La responsabilidad es únicamente de quien hizo la inversión. Por eso ratifico la importancia de educarse antes de probar suerte en estos negocios.

En la era digital, cuando la información inmediata impera, miles de páginas ofrecen contenido gratuito y diversos foros permiten la interacción.

Estafas

Debemos estar atentos siempre a todo aquel que le prometa un rendimiento o dividendo garantizado, pues probablemente sea un estafador. El solo hecho de que una inversión sea muy conocida o esté impulsada por un *influencer*, no significa que sea algo bueno o seguro.

Eso se aplica tanto a esta moneda como cualquier otra inversión. Insisto: no invierta dinero que no puede permitirse perder.

Otra manera de detectar una estafa es preguntando. La gente solamente te hablará sobre ganancias cuando quieren hacer que caigas en su trampa, mientras que un experto en el tema que no está detrás de estafas responderá con datos y hechos comprobables a todas tus preguntas. Recuerda, esto es más que dinero, es una tecnología.

Escalabilidad

Hablar sobre como muchas personas que solo se enfocan en el precio de bitcoin sin considerar un aspecto tan importante como es la escalabilidad, esta se refiere a la capacidad de la red de bitcoin para manejar un mayor número de transacciones, esto es necesario para su utilidad como método de pago global, en resumen ahora existe la facilidad de que en muchísimos lugares del planeta puedas pagar tu comida, comprar ropa o cualquier cosa que te puedas imaginar instantáneamente. Antes en la red principal era más lento y con mayores costos ahora con esta nueva capa llamada *lightning network* proporciona una alternativa rápida y económica para transacciones cotidianas. En

Costa Rica existen más de 400 lugares comerciales aceptando bitcoin como método de pago y uno de ellos, es el más famoso, un mercado de productores y agricultores. Fue el primero en el mundo, qué gran oportunidad para ellos, vienen personas de todos los lugares solo para vivir una experiencia descentralizada como esta, esto es un ejemplo de cómo utilizar la innovación de forma eficiente.

En cambio, se utilizan canales de pago bidireccionales entre los participantes para realizar transacciones rápidas y de bajo costo. Estas transacciones se pueden realizar de forma instantánea y sin necesidad de confirmación en la cadena de bloques principal. En resumen, *Lightning* utiliza canales de pago fuera de la cadena para transacciones rápidas y de bajo costo. Así puedes fácilmente pagar una cena y no esperar mucho tiempo para que se dé la confirmación, imagínate esperar hasta una hora para poder pagar tu comida, el tiempo es el recurso más valioso.

¿Cómo obtener bitcoin?

Puedes obtener bitcoin aceptándolos como pago por bienes y servicios, o comprándoselos a un amigo o alguien cercano. También puede comprarlos directamente desde una casa de cambio con su cuenta bancaria, con juegos, a través de la billetera y en cajeros automáticos. Al igual que en la vida real, su billetera debe estar protegida. Bitcoin permite transferir dinero a cualquier lugar fácilmente y le permite tener el control sobre su dinero. Estas grandes características también conllevan riesgos de seguridad.

Recuerde siempre que es nuestra responsabilidad adoptar las medidas de seguridad adecuadas para proteger el dinero. La seguridad es algo que me preocupa, existe el factor de doble autenticación que es la segunda capa de seguridad; ¿qué significa esto?, no solamente obtengo resguardo, también hay que educarse.

¿Cómo resguardar tus bitcoin?

Mantén privada tu contraseña, es lo que te da acceso a tus bitcoin. Muchas veces tenemos nuestros bitcoin en un *exchange* custodiándolos, cediendo el control de tu dinero para poder mover tus fondos, por lo que debes pedir permiso al *exchange*. La descentralización surge para que tú tengas el control. Con tu llave privada estás en control, sin depender de un tercero. La tecnología te ofrece el control por primera vez, sin la necesidad de un tercero o intermediario.

La billetera o *wallet* nos proporciona la llave privada al momento de crearla. Al igual que hay una gran variedad de zapatos en tu armario, también existe una amplia gama de opciones para las billeteras. Es fundamental que investigues y te asesores para elegir la que mejor se adapte a tus necesidades. La frase semilla, también conocida como clave privada, es única y te será proporcionada una sola vez, por lo cual es crucial que la anotes en un lugar seguro y no la compartas con nadie. Aquí es cuando entra la autocustodia, que te permite tener un control total sobre tus fondos. Sin embargo, también implica una gran responsabilidad, si compartes tu clave privada con un tercero, esa persona tendrá control total sobre tus fondos, capaz de generar graves consecuencias a largo plazo.

La frase similar o de recuperación es de 12 a 24 palabras que son aleatoriamente asignadas, el orden afecta y esa es tu clave privada, la que te otorga la *wallet*.

Todos los que hemos estado en este mercado hemos cometido muchos errores, hemos tenido pérdidas y hasta *hackeos*, por eso recomiendo no dejar monedas en ninguna parte o manos de una tercera persona. James Howells perdió sus llaves; el ingeniero informático botó el disco duro de modo accidental en el 2013, después de haber minado 8000 bitcoin en las primeras etapas de desarrollo de la moneda.

¿Cómo comprar o vender bitcoin?

Para comprar bitcoin debes:

1. Crea una cuenta en una plataforma de intercambio.
2. Agrega dinero a tu cuenta utilizando una tarjeta de crédito o débito, o incluso a través de una transferencia bancaria según el país.
3. En la plataforma de intercambio, busca Bitcoin y selecciona la cantidad que deseas comprar. Puedes comprar una fracción de un bitcoin si no quieres gastar mucho dinero.
4. Después de confirmar la compra, recibirás bitcoin en tu cuenta de la plataforma de intercambio.

Para vender bitcoin debes:

1. Si en algún momento decides vender tu bitcoin, puedes hacerlo a través de la misma plataforma de intercambio donde compraste.
2. En la plataforma, busca la opción de vender bitcoin y selecciona la cantidad que deseas vender.
3. Una vez que confirmes la venta, recibirás dinero en tu cuenta de la plataforma de intercambio.

Recuerda que el valor del bitcoin puede variar mucho, por lo que es fundamental actuar con cautela y realizar investigaciones exhaustivas. Si decides comprar bitcoin mediante una transacción P2P, ten en cuenta que este método, aunque puede ser la opción menos segura, te permite depender directamente de la otra persona (eliminando los intermediarios). Así que, estás comprando su palabra, solo recuerda que no hay servicio al cliente en este tipo de transacciones.

En busca de que las transacciones P2P sean más seguras, se crearon mercados gestionados por referencias; mientras que si quieres algo más parecido al modelo tradicional puedes comprar en un *exchange* P2P, es decir, mediante un intermediario que supervisa la transacción. Por último, los cajeros automáticos de bitcoin te permiten comprar con efectivo, pero suelen tener comisiones más altas.

No hace falta comprar bitcoin enteros, puedes comenzar con fracciones llamados «satoshis», invirtiendo cantidades más manejables como $ 50 o $ 100. También puedes realizar comprar periódicas, estrategia que te permite promediar el precio a lo largo del tiempo y comprender por qué Bitcoin tiene valor a largo plazo. No es una inversión para obtener resultados inmediatos. La idea es ahorrar en esta, ya que es un activo limitado: menos del 3 % de la población mundial posee Bitcoin.

Jurisdicción de Bitcoin

Hay algunos pasos que puedes seguir para obtener información sobre la jurisdicción de Bitcoin en tu país:

1. Busca información sobre las leyes y regulaciones relacionadas con este mercado en tu país. Puedes consultar los sitios web de los organismos reguladores en materia de finanzas, como los bancos centrales, las autoridades fiscales y los reguladores de valores, para obtener información actualizada.
2. Si tienes dudas o necesitas asesoramiento legal específico, es recomendable consultar con un abogado especializado en moneda virtual. Ellos podrán brindarte información precisa y actualizada sobre la jurisdicción de Bitcoin en tu país.
3. Únete a grupos o comunidades de moneda virtual cercanos a ti. Allí podrás obtener información de primera mano sobre la situación legal y regulatoria de Bitcoin en tu jurisdicción, así como compartir experiencias con otros entusiastas y profesionales del campo.
4. Recuerda que las leyes y regulaciones relacionadas con Bitcoin pueden variar de un país a otro, y es importante mantenerse informado sobre los cambios y actualizaciones.

Educarse en la actualidad es importante para estar informado sobre las oportunidades de inversión, proteger nuestros activos financieros, comprender la innovación tecnológica y desarrollar una mayor conciencia financiera. Se trata de algo más allá que solo tecnología, hay que comprender y adaptarse a un mundo financiero en constante evolución.

En conclusión, el futuro de Bitcoin es un tema que genera un gran interés y debate en la comunidad financiera y tecnológica. A medida que Bitcoin continúa ganando aceptación y adopción, su papel en el panorama financiero global podría fortalecerse aún más. De hecho, en enero de 2024 se aprueba el primer ETF de bitcoin que es un fondo que cotiza la bolsa de valores de Estados Unidos. Los ETF permiten a los inversores, exponerse al precio del bitcoin, sin tener que comprarlos o almacenarlos.

A manera de conclusión, Bitcoin es una tecnología disruptiva que tiene el potencial de transformar la industria financiera; sin embargo, para que alcance su máximo potencial, es crucial que la gente se eduque sobre su funcionamiento y sus posibilidades.

Recuerda: esto no es algo para hacerte rico de la noche a la mañana, es un viaje de conocimiento y liberación financiera

«SI NO ME CREES O NO LO ENTIENDES, NO TENGO TIEMPO PARA TRATAR DE CONVENCERTE, LO LAMENTO».

Satoshi Nakamoto

REFERENCIAS

Andreas M. Antonopoulos (2014). *Mastering Bitcoin.* O'Reilly Media.

Andreas M. Antonopoulos (2014). *Mi primer Bitcoin.* autopublicado.

Argenta Patrimonios (2023, 22 de febrero). *¿Cuáles son las responsabilidades de un asesor financiero?* Argenta Patrimonios. https://argentapatrimonios.com/cuales-las-responsabilidades-asesor-financiero/

Bitcoin 2021 (2021, 4-5 de junio). *Bitcoin 2021.*

Bitcoin Core (n.d.). *Bitcoin.* https://bitcoin.org/

Cárdenas, J. J. (2020). *Educación financiera: una herramienta clave para la toma de decisiones responsables.* Redalyc. https://www.researchgate.net/publication/363662505_Educacion_Financiera

De Cero a Bitcoin (n.d.). *Podcast De Cero a Bitcoin.*

Kiyosaki, K. (2019). *Mujer millonaria.* Plataforma.

Rankia México (2023, 14 de noviembre). *¿Qué portafolio de inversión elegir?* Rankia.mx. https://www.rankia.mx/blog/fondos-de-inversion-mexico/2564991-que-portafolio-inversion

Reinventando tu dinero (2023, 23 de enero). *7 estrategias de educación financiera para tus hijos.* Reinventando tu dinero. https://reinventatudinero.com/7-estrategias-educacion-financiera-hijos/

Made in the USA
Middletown, DE
14 February 2025

70877764R00098